IMPERIVM
ROMANVM

SARMATIA

RMANIA

DACIA

TIA
PENNONIA

DALMATIA

THRACIA

MACEDONIA

ROMA

LYDIA

CILIA
SYRACVSAE

ATHENAE

CRETA

MARE INTERNVM

AEGYPTVS

SYRIA
PETRA

Das Rätsel der
VARUS-
SCHLACHT

Wolfgang Korn | Klaus Ensikat

Das Rätsel der
VARUS-
SCHLACHT

Archäologen auf der Spur der

verlorenen Legionen

Anaconda

KLAUS ENSIKAT, 1937 geboren, Buchillustrator und Karikaturist, bekam für seine Arbeiten zahllose Auszeichnungen und Preise. 1995 erhielt er den Sonderpreis Illustration des Deutschen Jugendliteraturpreises und 1996 für sein Gesamtwerk die höchste internationale Ehrung: die Hans-Christian-Andersen-Medaille. Er lebt in Berlin.

WOLFGANG KORN, geb. 1958, studierte Geschichte und Politische Wissenschaften und arbeitet als Journalist und Wissens-Autor in Hannover. Er schreibt u. a. für *GEO* und *Die Zeit* und hat eine Reihe von Sachbüchern und Jugendsachbüchern zu archäologischen, historischen und gesellschaftlichen Themen veröffentlicht.

Das Rätsel der Varusschlacht erschien zuerst 2008 im Fackelträger Verlag, Köln.
Grundlage dieser Ausgabe ist die vollständig durchgesehene und aktualisierte Neuausgabe 2015, Gerstenberg Verlag, Hildesheim.

Penguin Random House Verlagsgruppe FSC® N001967

Die Deutsche Nationalbibliothek verzeichnet diese Publikation in der Deutschen Nationalbibliografie; detaillierte bibliografische Daten sind im Internet unter http://dnb.d-nb.de abrufbar.

Grafisches Konzept und Gestaltung: Berndt & Fischer, Berlin
Repro und Bildbearbeitung: hoop-de-la.com
Umschlaggestaltung: Druckfrei. Dagmar Herrmann, Bad Honnef, unter Verwendung von Illustrationen aus dem Innenteil.
Druck und Bindung: Alföldi, Debrecen
Printed in Hungary
ISBN 978-3-7306-1200-2
www.anacondaverlag.de

WIE WÜTEND WAR KAISER AUGUSTUS WIRKLICH?

Und worin wir fragen, warum sich Historiker und Archäologen manchmal streiten.

Rom im Jahre 9 nach Christi Geburt. Ein Bote eilt durch den Kaiserpalast und überbringt Augustus die erschütternde Nachricht, dass Germanen drei Legionen vernichtet haben. Später wird dem Imperator ein makaberes Geschenk überreicht: der Kopf des toten Varus, des Statthalters in Germanien.

Seitdem läuft Augustus wie ein Schlafwandler durch seinen riesigen Palast. Er isst nicht mehr, er wäscht sich nicht mehr, er schläft nicht mehr und er lässt den Bart wuchern. Schließlich schlägt er immer wieder mit dem Kopf gegen Wände des Palastes. Dabei hört ihn die Dienerschaft jammern: »Varus, Varus! Gib mir meine Legionen zurück!« Das geht so lange, bis es der Kaiserin zu bunt wird und sie Augustus ermahnt: »Jetzt ist aber gut!«

So detailfreudig werden uns die Geschichten und Anekdoten rund um die Varusschlacht erzählt. So steht es in Büchern und Zeitschriften, für Fernsehsendungen werden diese Szenen von Schauspielern in prächtigen Kostümen nachgestellt.

»Moment mal!«, rufen da die Archäologen. »Wie lang war der Bart des Kaisers? Woher wollen wir das eigentlich nach 2000 Jahren überhaupt so genau wissen? Schließlich hat sich kein Reporter mithilfe einer Zeitmaschine an die Orte der Ereignisse begeben. Woher nehmen wir also unsere Informationen?«

»Ganz ruhig«, antworten darauf die Historiker. »Wir erzählen ja nur, was römische Geschichtsschreiber uns in ihren Werken hinterlassen haben.« »Aber das ist ja das Problem«, antworten die Archäologen. »Das waren doch alles Römer, die darüber berichten! Je länger die Schlacht vorbei war, desto mehr Details kannten sie. Wie kann das sein? Tacitus zum Beispiel hat nie einen Fuß auf germanischen Boden gesetzt.« Und schon beginnt ein Streit über die Varusschlacht.

Also – warum streiten sich Historiker und Archäologen? Es geht dabei nicht anders zu als im Sandkasten, wenn zwei Kinder sich einen Eimer teilen sollen. Auch Historiker und Archäologen streiten miteinander, weil sie sich den gleichen Forschungsgegenstand teilen müssen: die menschliche Vergangenheit, vor allem die Antike (500 v. Chr. bis 500 n. Chr.), aber auch die Zeit davor und danach. Dabei kommen sie häufig zu verschiedenen Ergebnissen, weil sie mit ganz verschiedenen Methoden ganz verschiedene Beweise bearbeiten. Doch worin unterscheiden sich die Arbeitsweisen der beiden Forschertypen eigentlich genau?

DER TYPISCHE HISTORIKER: EIN LESEWÜTIGER SAMMLER

Historiker trifft man kaum in der Fußgängerzone, sondern vor allem in Archiven und Bibliotheken – je größer und älter die sind, umso besser. Denn der Historiker ist ein lesewütiger Sammler. Er beschäftigt sich mit allen schriftlichen Quellen: Chroniken und Geschichtsbüchern, Briefen und Tagebüchern, aber auch Inschriften, Urkunden und Münzen.

Der einzigartige Vorteil der schriftlichen Quellen: Sie haben uns große Namen und wichtige Ereignisse überliefert. Ohne sie wüssten wir nichts vom Trojanischen Krieg, von Alexander dem Großen und auch nichts von der Varusschlacht. Am liebsten sind dem Historiker natürlich Geschichtsbücher – da steht das drin, was er gern wissen will: wer über welche Länder herrschte, wer welche Kriege gewann und wer welche Städte und Tempel bauen ließ. Bereits die Griechen haben damit angefangen, über ihre Geschichte zu schreiben. Der Grieche Herodot gilt deshalb als Vater der Geschichtsschreibung.

9

Bei den Römern jedoch wurde es geradezu Mode, über die eigene Geschichte zu schreiben. Caesar schrieb gar das Buch zu seinem eigenen Feldzug selbst – *De Bello Gallico – Über den Gallischen Krieg* und Augustus hinterließ eine Chronik seiner »großen Taten«: *Res gestae*. Der Gelehrte Cassius Dios soll sogar an die 80 Bücher über die Geschichte Roms geschrieben haben. Nicht alle sind heute erhalten, doch immerhin der Teil, der über die Varusschlacht berichtet.

Damit sind wir auch schon beim Nachteil dieser schriftlichen Quellen: Die Geschichtsbücher werden eigentlich nur von einer Partei, meistens von den Siegern, geschrieben. Das waren in der Antike überwiegend die Römer – Kelten und Germanen dagegen hatten keine Geschichtsschreibung.

Und wenn sie eine gehabt hätten, wäre sie von den Römern vernichtet worden. Schon von den Pharaonen des alten Ägypten wissen wir: Sie ließen die Namen ihrer Konkurrenten aus den Tempelinschriften entfernen. Ramses II. war noch dreister: Er ließ faustdicke Lügen über seine erste Schlacht gegen die Hethiter in seine Tempelwände einmeißeln.

Deshalb ist das besonders wichtig, was der Historiker »Quellenkritik« nennt. Er fragt bei alten Büchern, Dokumenten, Inschriften, ja sogar bei Münzen: Wer hat das geschrieben? Und warum hat er das geschrieben? Ist der Schreiber zuverlässig? Gibt es andere Quellen, die das Beschriebene bestätigen?

Kritisch mit alten Texten umzugehen, also nicht alles zu glauben, bloß weil es irgendwann von irgendwem aufgeschrieben wurde, heißt auch, ständig zu überlegen: Was verstehen wir heute falsch, weil wir ganz anders leben und denken. Der Historiker als ein Mensch, der im 21. Jahrhundert lebt, muss herausfinden, was Menschen vor Jahrhunderten oder gar Jahrtausenden mit ihren Texten meinten. Die »tickten« damals aber ganz anders. So war für diese Menschen beispielsweise eine Krankheit oder eine Kampfniederlage eine Strafe der Götter und nicht einfach nur die Folge von Erschöpfung oder schlechter Vorbereitung.

Und manchmal heißt Textkritik einfach auch nur: zurück zu den Quellen! Häufig verhalten sich Historiker nämlich wie faule Schüler. Sie schreiben nur voneinander ab. Bis dann jemand kommt und nachschaut: Steht das eigentlich wirklich dort?

Jedoch: Was von all den Taten und Ereignissen, die in den schriftlichen Quellen festgehalten wurden, was von diesen Geschichten ist Wirklichkeit und was nur Fantasie und Legende? Darauf versucht die kritische Schwester der Geschichte Antwort zu geben: die Archäologie.

DER TYPISCHE ARCHÄOLOGE: EIN BUDDELWÜTIGER DETEKTIV

Wer hat Angst, sich bei der Arbeit schmutzig zu machen? Der sollte Pilot, Manager oder Dressman werden, aber auf keinen Fall Archäologe. Denn der Archäologe ist ein buddelwütiger Detektiv, der oft und gern im Dreck der Vergangenheit herumwühlt. Er sucht draußen nach den Orten vergangener Geschehnisse und nach Spuren, die das Leben der früheren Menschen dort hinterlassen hat. Und die liegen in der Regel irgendwo draußen unter der Erde.

Archäologen untersuchen alles, was Menschen gemacht haben. Sie interessieren sich wirklich für jede Spur, die Menschen hinterlassen haben – und verschmähen dabei nicht einmal eine Mistkuhle. Ihr Ziel ist es, die gesamte Lebensweise dieser vergangenen Kultur zu verstehen. Anhand dieser Indizien versuchen sie zu rekonstruieren, was einst geschah: Wie lebten die Menschen – in Zelten, Hütten oder Häusern? Wovon lebten sie – von der Jagd, vom Ackerbau, oder fertigten sie Keramikwaren oder Metallgegenstände, die sie gegen Lebensmittel tauschten? Welche Rituale vollzogen, welche Götter verehrten sie? Und für dieses Buch ganz wichtig: Gegen wen kämpften sie, welche Waffen und welche Taktik hatten sie?

Der größte Vorteil des Archäologen: Er sucht und überprüft harte Fakten. Er sammelt möglichst viel Material – erst dann stellt er eine These auf: Ist das eine Siedlung, ein Militärplatz, ein Opferplatz oder ein Schlachtfeld? Aus welcher Zeit stammt es? Und welcher Kultur gehörten die Menschen dort an? Und immer wieder muss er prüfen: Kann es nicht auch anders gewesen sein? Der Archäologe ist ein Detektiv weit zurückliegender Ereignisse: Er sichtet die freigelegten Spuren und versucht, daraus Schlüsse zu ziehen.

Doch seine Arbeitsweise hat auch einen großen Nachteil: Er findet meistens keine Namen – weder von Siedlungen noch von Herrschergräbern. Wir wissen bis heute nicht, wie die von Archäologen freigelegte keltische Großsiedlung bei Manching in Bayern hieß. Auch in den bronzezeitlichen Schichten der berühmten Ruine von Troja wurde nicht ein Ortsschild, nicht einmal eine Inschrift oder eine Münze gefunden mit der Aufschrift »Troja«.

DER VARUSSTREIT: JEDER GEGEN JEDEN!

Häufig kann die Archäologie durch materielle Spuren große Mythen und Erzählungen bestätigen – nicht in allen Details, aber im Kern: Es hat tatsächlich ein Trojanischer Krieg in der Spätbronzezeit stattgefunden. Alexander der Große kam wirklich bis Indien. Doch ausgerechnet bei der Varusschlacht hört der Streit nicht auf. Seit Jahren ringen Archäologen und Historiker um die Frage: Wollten die Römer Germanien wirklich erobern oder nur im Zaun halten?

Die Historiker haben Texte römischer und griechischer Autoren gefunden, die die Marschroute der Varuslegionen und den Schlachtort erwähnen. Aber die Archäologen haben bis heute keines der Marschlager gefunden, und die muss es gegeben haben. Nach mehr als 200 Jahren Suche glauben allerdings die meisten von ihnen, dass das Schlachtfeld inzwischenan einem Hügelrücken in Norddeutschland, dem Kalkriesen, gefunden ist – 15 Kilometer nördlich von Osnabrück. Andere Archäologen wiederum fragen: Haben wir hier wirklich den Ort der entscheidenden Schlacht vor uns? Oder ist das nur eines von mehreren Schlachtfeldern? Oder eines der Schlachtfelder, die die Römer bei ihrem Rachefeldzug Jahre nach der Varusschlacht hinterließen?

Und dann gibt es unzählige Hobby- und Heimatforscher, die in ihrer Freizeit von der Lippemündung bis nach Hildesheim jeden Stein umdrehen. Weil in der Nähe von Hildesheim ein römischer Silberschatz gefunden wurde, sagen die einen: Hier muss die Varusschlacht stattgefunden haben. Nein, sagt der nächste Heimatforscher: Die Legionen marschierten südlich des Teutoburger Waldes. Die Varusschlacht fand im Münsterland statt.

Moment mal: Warum gibt es eigentlich so viel Streit über eine Geschichte, die vor 2000 Jahren passiert ist und die von Römern und Germanen handelt? Eigentlich ist die Story nicht besonders spannend. Sie ist in zwei Sätzen erzählbar und jeder kennt bereits das Ende: Im Jahre 9 n. Chr. wurden die Truppen des Feldherrn Quinctilius Varus in einer dreitägigen Schlacht vom germanischen Fürsten Arminius und seinen Kriegern besiegt. Nach dem anschließenden Rachefeldzug gaben die Römer ihre Lager und Siedlungen in dem Gebiet jenseits des Rheins, das heute Norddeutschland heißt, endgültig auf.

Doch kein anderes historisches Ereignis, das sich in unseren Breitengraden abgespielt hat, erregt so sehr die Gemüter und führt zu so endlosen Debatten. Zum einen liegt es wohl daran: Geschichte wird ja gerade dort spannend, wo wir direkt von ihr berührt werden. Wenn ihr am Rhein wohnt: Vielleicht stammten einige Soldaten, die in der Varusschlacht fielen, aus eurer Stadt? Oder wenn ihr entlang der Lippe wohnt: Vielleicht ist Varus mit seinen Legionen direkt vor eurer Haustür vorbeimarschiert! Für alle anderen: Wer von uns ist ein direkter Nachfahre des großen Germanenführers Arminius? Warum bauten die Römer das größte Lager nördlich der Alpen gerade in Oberaden (Bergkamen)?

Zum anderen wird unsere Fantasie dadurch beflügelt, weil so vieles über die Varusschlacht weiterhin unbekannt bleibt. Wir wissen, dass sie stattgefunden hat. Aber wir wissen nicht: Wodurch hat sich Varus in die Falle locken lassen? Welchen Weg haben die Legionen genommen? Was waren die eigentlichen Ziele der Römer? Warum waren die Germanen überlegen?

HISTORIKER UND ARCHÄOLOGEN GEMEINSAM

Und die ganze Faszination liegt darin, dass wir heute in der Lage sind, Neues über ein Ereignis herauszufinden, das vor über 2000 Jahren stattfand. Wenn Historiker und Archäologen gut zusammenarbeiten, dann bekommen wir großartige Antworten. Dann können wir die Geschichte der Schlacht, wie sie uns durch einige antike Autoren überliefert ist, mit den neuesten Erkenntnissen der Archäologie vergleichen und möglicherweise verbinden.

Was heißt das nun für Augustus und seine berühmte Klage: »Varus! Varus! Gib mir meine Legionen wieder!«? Solange es keine Zeitmaschine gibt, werden wir nicht feststellen können, ob Augustus tatsächlich seinen Kopf gegen die Wände seines Palastes schlug.

Aber wir können herausbekommen, wie wahrscheinlich es ist, dass der Kaiser derartig ausflippte: Wie wichtig war ihm die Eroberung Germaniens? Wie viel bedeuteten ihm die drei Legionen, die er dort verlor? Und erst recht interessiert uns, was wir beim Anwenden dieser Methode über die Varusschlacht selbst herausfinden können.

Doch um all die hier aufgeworfenen Fragen nach bestem Wissen beantworten zu können, müssen wir den richtigen Ausgangspunkt für unsere Spurensuche finden: Wo beginnen wir mit unserer Spurensuche? Wo beginnt die Geschichte einer Schlacht? Am Morgen des Kampftages? Oder beim Abmarsch aus dem Hauptlager? Wo beginnt die Geschichte einer Schlacht, von der wir gar nicht wissen, wo sie stattfand? Und ob es nur eine oder zwei oder sogar noch mehr Schlachten waren?

Zunächst einmal muss man von der Schlacht überhaupt wissen. Wir können auch mit dem Moment anfangen, als Varus aus seinem Sommerlager aufbrach. Doch eigentlich müssen wir die Vorgeschichte erzählen: Wie und wann kamen die Römer nach Nordeuropa? Oder noch besser: Wir können auch 500 v. Chr. anfangen, als Rom sich anschickte, über seine Stadtgrenzen hinauszuwachsen. »Warum fangen wir dann nicht gleich mit der Eiszeit an?«, ruft da ein Spötter aus dem Hintergrund. Spott hin oder her – der Vorschlag ist gar nicht so falsch. Denn Wetter und Klimawandel spielen auch eine wichtige Rolle bei unserer Spurensuche.

Ein guter Anfang ist jedoch der Zeitpunkt, als die Römer sich das erste Mal nach Norden wandten. Bis dahin hatten sie fast alle Länder rund um das Mittelmeer erobert. Warum also brachen sie jetzt auf in den kalten Norden?

1. Kapitel

Caesar mischt die Gallier auf

Und worin wir der Frage nachgehen, warum wir heute eigentlich
so viel über Römer, Kelten und
Germanen wissen.

Bis ins Jahr 58 v. Chr. hatten sich die Römer rund um das Mittelmeer ausgebreitet.

Nun zog es sie in die Gebiete nördlich der Alpen. Dort lebten Völker – Kelten und Germanen –, mit denen die Römer vor langer Zeit schlechte Erfahrungen gemacht hatten.

Im Jahr 390 v. Chr. überfiel ein keltisches Heer überraschend Rom und plünderte es aus, um 120 v. Chr. waren es germanische Kimbern und Teutonen, die das römische Heer vernichtend schlugen.

Es musste also triftige Gründe geben, um nach Norden zu marschieren. Benötigte Rom ständige Eroberungen, um Reichtum und Macht zu erhalten? Und gab es solche zu erobernden Gebiete nur noch im Norden? Fühlten sich die Römer erst jetzt stark genug für den Kampf gegen die nördlichen Völker? Hatten römische Politiker oder Feldherren ein besonderes Interesse an einem Eroberungszug?

Die Wendung nach Norden ist vor allem mit einem Namen verbunden: Gaius Julius Caesar. Caesar war der Erste, der seine Truppen weit in den Norden Europas führte. Caesar war es, der in seinen Berichten über den Gallischen Krieg die Bezeichnung »Germanen« für die Bewohner der rechtsrheinischen Gebiete benutzte. Caesar war der Erste, der mit seinen Legionen über den Rhein in germanisches Gebiet zog.

Was wissen wir über diesen Caesar? Wie sah er aus? Welchen Charakter hatte er? In den bekannten Asterix-Geschichten wird Caesar ja als arroganter Schnösel dargestellt. In seinem

Gesicht sitzt eine riesige Hakennase. Und mit seinen schlaksigen Armen und Beinen flegelt er sich auf seinem Feldherrenstuhl, während er selbstgefällig seine Befehle erteilt.

Doch dazu will so gar nicht passen, was die römischen Biografen uns schildern. Auf seinen Eroberungszügen ging Caesar seinen Truppen immer voran – zu Fuß! Egal, ob sie ins kühlere Gallien oder in die afrikanische Wüste zogen. Ausdauernde Zähigkeit, strategisches Denken und kaum Skrupel – so schildern ihn die römischen Historiker. Sie verschweigen auch nicht eine weitere Eigenschaft, die ihn auszeichnete: Caesar hatte Ehrgeiz wie keiner vor ihm!

Er kam zwar aus einer alten Patrizierfamilie, also aus altem Adel, doch weder waren seine Vorfahren reich noch hatten sie in den letzten Generationen bedeutende Feldherren oder Politiker hervorgebracht. Sie waren also praktisch ohne großen Einfluss auf das politische Geschehen im römischen Senat. Der Senat war die politische Versammlung Roms, zu der nur Adelige Zugang hatten.

Der von Ehrgeiz besessene Caesar musste etwas unternehmen, um zu Geld und Einfluss zu kommen. Er ließ sich von seiner ersten Frau scheiden, um in eine bedeutende Familie einzuheiraten. Pech für ihn! Denn das Geschlecht der Cinna, dem seine zweite Frau entstammte, fiel bei Sulla, dem stärksten Mann im Staat, in Ungnade und man nahm ihnen Ämter und Eigentum. Caesar versuchte, die Massen für sich zu begeistern, indem er als Gönner »Unterhaltungsspiele« in der Arena ausrichtete. Doch alles, was ihm davon blieb, waren Schulden, gewaltige Schulden. Caesar wurde zum höchstverschuldeten Römer seiner Zeit: Die römischen Historiker berichten von Schulden in Höhe von 6,25 bis 7,8 Millionen Denaren. Um die Höhe dieser Summe zu begreifen: Ein Tagelöhner verdiente einen Denar. Rechnen wir das um auf den heutigen Mindestlohn (8 Stunden à 8,50 € = 68 €), dann kommt die Summe von rund 425 bis 530 Millionen Euro dabei heraus.

Die Wende trat erst ein, als Caesar es mit einem Männerbündnis versuchte: Er verschwor sich mit dem reichsten Mann des damaligen Rom, Marcus Licinius Crassus, und mit einem der einflussreichsten Feldherren, Gnaeus Pompeius Magnus. Prompt wurde er zum Konsul ernannt und später zum Statt-

GERMANEN UND KELTEN

Kelten und Germanen sind beides Völker, die zur Zeit Caesars schon seit Jahrhunderten in Nordeuropa lebten – d.h., für die Römer stammten sie aus der wenig bekannten Welt jenseits der Alpen.

Die Germanen lebten vor allem im heutigen Norddeutschland und in Skandinavien, die Kelten im nördlichen Voralpenraum – heute Süddeutschland, Österreich und die Schweiz. Sie waren noch nie von fremden Völkern besiegt oder beherrscht worden. Dagegen setzten sie sich heftigst zur Wehr. Und sie neigten dazu, hin und wieder Haus und Hof zu verlassen und in großen Gruppen in neue Gebiete einzuwandern. So waren die Kelten nicht nur über die Alpen bis nach Norditalien vorgestoßen, sondern hatten sich auch im ganzen heutigen Frankreich ausgebreitet. Die Kelten, die dort lebten, wurden von den Römern Gallier genannt.

halter der Provinzen HISPANIA (Spanien) und GALLIA TRANS-
ALPINA (Südfrankreich).

Er erwies sich als umsichtiger Gebietsverwalter und konnte
nebenbei seinen Geldbeutel ordentlich füllen. Was er dabei vor
allem lernte: Wo Gallier waren, da gab es Gold!

Um ganz nach oben zu kommen, gab es nur einen Weg für
ihn: einen ruhmreichen und lohnenden Feldzug. Und wohin
er sich wenden musste, das konnte er beim griechischen Historiker Herodot nachlesen: »Das weitaus meiste Gold gibt es
offensichtlich im Norden Europas!« Die passende Gelegenheit
bot sich im Jahr 58 v. Chr.

Später behauptete Caesar immer wieder, dass er keinen
Krieg führen wollte, sondern nur jemandem zu Hilfe kam. In
diesem Fall waren gallische Stämme der Haeduer und Sequa-
ner von den Helvetiern bedroht. Die Helvetier wollten aus unbekannten Gründen aus der Region der heutigen Westschweiz
nach Gallien ziehen. Zunächst sollte ihr Weg durch Caesars
Provinz führen, doch der lehnte ab. Daraufhin erhielten die
Helvetier von den Haeduern die Erlaubnis zur Durchreise.
Doch einige Haeduer fühlten sich übergangen und baten Caesar um Hilfe – zumindest behauptete er das später.

Caesar überfiel die Helvetier und ließ zwei Drittel dieses
Volkes umbringen. Die Beute, die ihm und seinen Legionen
zufiel, muss immens gewesen sein. Er konnte nicht nur seine
restlichen Schulden begleichen, er bezahlte auch noch aus ei-
gener Tasche zwei zusätzliche Legionen.

Caesar hatte nämlich »Blut geleckt«! Da er schon einmal so
weit im Norden war, begann er einen groß angelegten Feldzug: Er wollte mit seinen Legionen ganz Gallien unterwerfen –
die heutigen Länder Belgien, Luxemburg und Frankreich.

Dabei nutzte er geschickt aus, dass die einzelnen Stämme
der Gallier sich untereinander spinnefeind waren. Auch während seines Feldzuges blieb er zunächst mit den Haeduern
und anderen Stämmen verbündet. Er machte ihnen Geschenke und versicherte ihnen, dass er sie als Freunde respektiere.
Im Gegenzug halfen die Haeduer mit Wissen und Waffen, die
benachbarten Gallier zu schlagen.

So rückten Caesars Legionen entlang der gallischen Grenze
gegen den Uhrzeigersinn vor: Elsass, Belgien, Normandie, At-

lantikküste. Stamm für Stamm wurde besiegt, ausgeplündert und zu römischen Untertanen erklärt. Die nicht betroffenen Gallier sahen dabei zu wie eine Herde Gnus, die seelenruhig mitansieht, wie Löwen einen ihrer Artgenossen reißen und verspeisen. Caesar fühlte sich so sicher, dass er sogar Abstecher nach Britannien und Germanien riskierte.

Moment mal! Hier müssen wir einmal kurz unterbrechen. Warum eilten die römischen Soldaten nun schon seit vier Jahrhunderten von Sieg zu Sieg?

WARUM ROM GROSS UND STARK WURDE

»Eilten von Sieg zu Sieg« – das ist nicht ganz richtig. Auch die Römer wurden immer wieder geschlagen: Gerade hatten sie die etruskische Stadt Veii 396 v. Chr. eingenommen, da wurden sie 387 v. Chr. von den Kelten überrannt. Geschlagen wurden sie aber auch von Germanen und von ihren größten Konkurrenten, den Karthagern – deren Feldherr Hannibal dafür bis heute berühmt ist, dass er mit seinem Heer und Kriegselefanten über die Alpen zog und es bis vor die Tore Roms schaffte.

Andere besiegte Völker gaben sich einfach geschlagen und leckten ihre Wunden. Anders die Römer: Wie ein Stehaufmännchen rappelten sie sich wieder auf und wurden noch kämpferischer, brutaler und erfolgreicher als zuvor.

Ihr steigender Erfolg lag zum einen natürlich an Ausrüstung und an militärischer Taktik – das werden wir uns noch im Einzelnen anschauen. Doch Kennzeichen der römischen Kriegsstrategie war von Anfang an auch: größte Grausamkeit. Waren die Feinde auf dem Schlachtfeld besiegt, verschonte man weder ihre Familien noch ihre Dörfer und Felder.

Wie konnte sich Rom zu so einer perfekten Militär- und Eroberungsmaschinerie entwickeln? Wer waren die »Römer«, was war »Rom« eigentlich? Keimzelle des Reiches war, wie der Name schon sagt, die Stadt Rom, die günstig an einem wichtigen Flussübergang lag.

Über die Anfänge Roms gibt es mehr Legenden als Fakten. Aber eines ist sicher: Bis um 500 v. Chr. war Rom nur eine von vielen Städten in Mittelitalien. Ihre Nachbarn waren ihr sogar

GESCHICHTE
ROMS
IM ÜBERBLICK

9./8. JH. V. CHR. Erste Siedlungen auf den sieben römischen Hügeln, der Legende nach durch Romulus und Remus gegründet

7. JH. V. CHR. Die Etrusker beherrschen Rom

509 V. CHR. Vertreibung der Etrusker und Gründung der Republik

340–264 V. CHR. Unterwerfung der Apennin-Halbinsel

264–146 V. CHR. In drei Punischen Kriegen wird Karthago geschlagen und vernichtet. Rom kontrolliert den westlichen Mittelmeerraum

58–51 V. CHR. Caesar unterwirft Gallien

44 V. CHR. Caesar wird Diktator auf Lebenszeit, kurz darauf jedoch ermordet

31 V. CHR. Rom beherrscht den gesamten Mittelmeerraum

27 V. CHR. Beginn der Kaiserzeit mit Augustus und Ende der sozialen Unruhen in Rom

65 N. CHR. Christenverfolgung unter Nero

284 N. CHR. Teilung in West- und Oströmisches Reich

475 N. CHR. Nach Plünderungen durch Goten und Vandalen bricht das Weströmische Reich zusammen

deutlich überlegen. Die Etrusker entwickelten die erste Hochkultur in Italien: Sie schmiedeten Waffen und Werkzeuge aus Eisen, bewässerten ihre Felder und betrieben mithilfe ihrer Schiffe Handel im ganzen Mittelmeerraum. Und diese Etrusker beherrschten seit 616 v. Chr. auch Rom. Sie errichteten eine starke Stadtmauer, Tempel und Abwasserkanäle. Sie verwandelten das Lehmhüttendorf Rom erst in eine richtige Stadt.

Nach rund 100 Jahren konnten die Römer die etruskische Herrschaft abschütteln. Rom wurde eine Republik, die von einer Adelsschicht regiert wurde. Diese Adelsschicht stellte zunächst auch Roms Soldaten. Denn in den Krieg zogen nur die, die sich eigene Waffen leisten konnten.

Als die eroberten Gebiete und die Zahl der gegnerischen Krieger größer wurden, stellte der Staat Waffen und Rüstung. So konnten auch die ärmeren Bauern zum Militärdienst herangezogen werden. Als auch das nicht mehr reichte, wurden Hilfstruppen aus den besetzten Gebieten und Söldnerheere angeworben.

Um 275 v. Chr. hatte Rom Unteritalien und zehn Jahre später auch Oberitalien fest im Griff. Aber die Römer taten etwas, was Eroberervölker vor ihnen nicht getan hatten: Nach der Eroberung versuchten sie, Feinde in Freunde zu verwandeln. Die eroberten Länder durften sich weitgehend selbstständig regieren, gleichzeitig konnte ihre Bevölkerung das römische Bürgerrecht erwerben.

Eroberungen und Einverleibungen wurden zum festen Bestandteil des römischen Lebens. Ähnlich wie unser heutiges Wirtschaftssystem war auch Rom ganz auf Wachstum angewiesen. Die Ausgaben für die Armee und das luxuriöse Leben in der Hauptstadt Rom wurden gewaltig.

Mit dem Sieg über Hannibals Armee 202 v. Chr. wurde Rom zur stärksten Macht im Mittelmeerraum. Und um 100 v. Chr. hatte das Römische Reich auch Teile Südfrankreichs sowie die Landverbindung zur schon früher eroberten Iberischen Halbinsel eingenommen.

Doch Rom glich einer Stachelfrucht: wehrhaft nach außen, im Inneren allerdings verletzbar. Die Soldaten-Bauern mussten zu immer längeren Kriegszügen ausziehen. Sie konnten nicht mehr zur Ernte auf ihre Felder zurückkehren. Rom wuchs – und gleichzeitig verarmten seine Krieger und Bauern. Viele Adelige nutzten das aus: Sie kauften den verschuldeten Bauern ihr Pachtland ab. Die Zahl der Menschen, die verarmt und arbeitslos durch Roms Gassen liefen, wuchs dramatisch an. Sozialreformer wie die Volkstribunen Tiberius und Gaius Gracchus versuchten, den Bauern Land zurückzugeben, doch sie scheiterten an der starken Adelsschicht. Rom wartete im ersten Jahrhundert vor Christus auf eine starke Hand, die die Spannungen im Zentrum des Reiches löste. Doch noch war die Zeit nicht reif für Caesar, der sich erst seine Anerkennung auf dem Schlachtfeld verdienen musste.

LINKS GUT, RECHTS BÖSE

Zu Caesars Triumphzug, der siegreich Gallien durcheilte, sollte auch ein Abstecher nach Germanien zählen. Er hatte sich eine simple Ordnung ausgedacht: Der Rhein sollte fortan eine klare und unüberwindbare Grenze bilden. Links davon wohnten die Guten: die friedlich gewordenen Gallier in römischen Provinzen. Rechts davon hausten die Bösen: die aggressiven und barbarischen Germanen.

Doch die Germanen hatten diese Grenze immer wieder überschritten: Unter ihrem Anführer Ariovist hatte der germanische Stamm der Sueben (in diesem Namen hört man heute noch die »Schwaben«) schon um 70 v. Chr. den Rhein überquert und die dort ansässigen Gallier vertrieben. Vermutlich waren es die Belgen (und aus diesem Namen klingen natürlich die »Belgier«) – nordgallische Stämme, die zwischen Seine und Rhein lebten –, die jene vom rechtsrheinischen Ufer anstürmenden Heere als erste »Germanen« nannten.

Jedenfalls riefen die Belgen Caesar zu Hilfe, der dabei die Namensgebung »Germanen« übernahm. »Germanen« waren für den Kriegsstrategen nun alle Völker, die östlich des Rheins und nördlich der Donau lebten. Damit das auch so blieb, schlug Caesars Heer 58 v. Chr. Ariovist und dessen Germanen und trieb sie über den Rhein zurück.

Und diesen Germanen wollte Caesar noch eine Lektion erteilen, damit sie die von ihm gezogene Grenze respektierten.

HANNIBAL

23

SCHRECKEN (FAST) ALLER LATEINSCHÜLER – CAESARS *GALLISCHER KRIEG*

Caesars »Gallischer Krieg« heißt im Original Commentarii De Bello Gallico, also »Kommentare über den Gallischen Krieg«. Denn eigentlich waren es sieben jährliche Dienstberichte, die er über seine Tätigkeit abfasste und an den römischen Senat schickte. Erst nach dem Ende seines Feldzuges hat Caesar sie zu einem Gesamtwerk vereint und herausgegeben.

Warum wird gerade dieses Werk zur unvermeidlichen Lektüre in jedem Lateinunterricht? Weil die Kommentare in einem einfachen und klaren Latein verfasst wurden und mit einem Wortschatz von nur 1300 Wörtern auskommen.

Trotzdem beschreibt Caesar darin anschaulich Verhandlungen, Intrigen und Schlachten während seines Feldzuges 58 bis 51 v. Chr., in dem er weite Teile Galliens unterwarf. Allerdings wird bei ihm die grausame Unterwerfung der Gallier zur notwendigen und friedensstiftenden Maßnahme. Detailliert beschreibt er außerdem die Lebensweise der Gallier, Germanen und Britannier. Doch auch dies ist mit Vorsicht zu genießen: Caesar schreibt immer aus der Sicht eines Römers, der seine Kultur für die einzig richtige Lebensweise hält. Und Caesars Trennung: links des Rheins Kelten, rechts des Rheins Germanen, wird durch archäologische Beweise klar widerlegt.

55 v. Chr. hatte der Feldherr genug Spielraum, um eine Strafexpedition in die rechtsrheinischen Gebiete zu unternehmen. Um den mächtigen Strom zu passieren, ließ er nicht etwa Flöße oder Boote bauen. Nein, um seine überlegene Stärke zu demonstrieren, ließ er eine hölzerne Brücke errichten – in nur zehn Tagen. Auch ihre Bauweise beschreibt er detailliert in seinem »Gallischen Krieg«.

MOMENT MAL – EINE RHEINBRÜCKE IN NUR ZEHN TAGEN?

»Die Rheinbrücke des Gaius Iulius Caesar wurde im Gallischen Krieg 55 v. Chr. zwischen Andernach und Koblenz über den Rhein erbaut.« So steht es sogar im Internet-Lexikon *Wikipedia*. »Wurde ... erbaut«! Und das in nur »zehn Tagen«! Und zwei Jahre später haben seine Soldaten diese technische Leistung etwas weiter nördlich noch einmal wiederholt!

Da schlägt der detektivische Spürsinn des Archäologen sofort an: Wie kann man sich da so sicher sein? Von dem Brückenbau und der Bauzeit wissen wir doch nur, weil Caesar selbst darüber geschrieben hat! Nach seinen Angaben wurden in unserer Zeit schon mehrfach Modelle dieser Brücke angefertigt. Ein schönes Exemplar ist beispielsweise im Rheinischen Landesmuseum in Bonn zu sehen. Doch das reicht den Archäologen als Beweis natürlich nicht.

Sie haben sich auf die Suche gemacht. Und tatsächlich: In der Nähe von Neuwied, nördlich von Koblenz, wurden sie fündig. Dort konnten tatsächlich Holzreste von Brückenpfosten im Ufergrund freigelegt werden. Und die sind tatsächlich 2000 Jahre alt.

Also doch der Beweis! Wirklich ein unwiderlegbarer Beweis? Ja, ein Beweis dafür, dass man hier zumindest versucht hat, eine Brücke zu bauen. Die Brücke hätte an dieser Rheinstelle gut 400 Meter lang sein müssen. Vielleicht wurde der Versuch deshalb wieder aufgegeben? Vielleicht stand die Brücke, aber nur für kurze Zeit? Denn gegen die Strömung müssen die einzelnen Pfosten genau an den richtigen Stellen fest in den Flussuntergrund gerammt werden, damit sie die Brücke halten können. Und all das mit den damaligen Hilfsmitteln: Seile, einfache Werkzeuge wie Axt und Hammer und wacklige Holzboote, von denen aus die Arbeiten in der Strömung ausgeführt wurden. Selbst heutzutage wäre das eine Meisterleistung.

Deshalb ist es höchst wahrscheinlich: Die Brücke wurde entweder gar nicht fertiggestellt oder aber auf keinen Fall innerhalb von zehn Tagen errichtet. Es gibt jedoch nur eine Möglichkeit, wie man dies zweifelsfrei überprüfen könnte: Wir müssten genau solch eine Brücke hier und heute nachbauen. Und zwar mit den gleichen Mitteln, wie sie den Römern zur Verfügung standen.

In vielen Bereichen werden solche Experimente bereits durchgeführt. Boote der Steinzeit werden so nachgebaut, Waffen der Römer getestet und Bier nach Art der Wikinger gebraut. »Experimentelle Archäologie« nennt sich dieser Zweig. Doch eine Brücke über den Rhein nachzubauen wäre zu aufwendig. Erstens würde es zu hohe Kosten verursachen, denn Archäologen haben kein großes Budget zur Verfügung. Zweitens müsste der Schiffsverkehr während der Bauphase, also mindestens für zehn Tage, gestoppt werden. Und anschließend müsste die Brücke doch wieder abgerissen werden, weil kein Schiff unter ihr durchfahren könnte. Fazit: Wir werden wohl nie sicher wissen, ob diese Brücken tatsächlich vollendet wurden und ihren Zweck erfüllten.

Für die Archäologen ist dies aber nur eine kleine Detailfrage. Was sie viel brennender interessiert: Welche Menschen lebten in Gallien? Wovon lebten sie und wie sah ihre Kultur aus?

WER WAREN DIE GALLIER WIRKLICH?

Das meiste über die Gallier und Germanen der Zeit um Christi Geburt erfahren wir nur von römischen Autoren – allen voran

---

EXPERIMENTELLE ARCHÄOLOGIE: PROBIEREN GEHT ÜBER STUDIEREN!

Wie wohnten die Steinzeitmenschen? Woraus stellten die Ägypter ihr Bier her? Wie schnell konnte ein römischer Soldat mit Marschgepäck laufen?
Um auf diese Fragen zuverlässige Antworten zu bekommen, gibt es nur einen Weg: Ausprobieren! Die ersten archäologischen Experimente wurden bereits im 19. Jahrhundert durchgeführt. So ließ der Däne Frederik Sehested 1879 eine Blockhütte nur mit steinzeitlichen Werkzeugen errichten.
Heute erstreckt sich das Feld der experimentellen Archäologie vom Schlagen der ersten Faustkeile über das Ausprobieren römischer Waffen und Mahlzeiten bis zum Nachbau mittelalterlicher Burgen und Belagerungsmaschinen mit den Werkzeugen, die damals zur Verfügung standen.

von Caesar selbst. Das ist so, als wenn ihr euch in der Schule selbst Zeugnisse ausstellen könntet.

Und was schreibt Caesar über die Gallier? Sie waren in seinen Augen Barbaren: schlecht gekleidet, schlecht ernährt, streitsüchtig und deshalb unfähig, ein gemeinsames Staatswesen hervorzubringen. Und daraus folgt: Ihre Unterwerfung war in seinen Augen eine friedensstiftende Maßnahme.

Tatsache ist: Weder Gallier noch Germanen hatten – abgesehen von lokalen Ausnahmen – eine Schrift. Keine Schrift heißt aber noch lange nicht keine Kultur. Es ist deshalb die Aufgabe der Archäologie, diese Völker wieder zum Sprechen zu bringen, anhand der Spuren, die sie uns hinterlassen haben. Und das ist eine ganze Menge:

Eine Unzahl von Gräbern wurde in den letzten 200 Jahren gefunden und freigelegt, viele davon gänzlich unversehrt, mit üppigen Grabbeigaben. Wie das erst 1994 entdeckte Fürstengrab von Glauberg: Hier haben die Archäologen in den folgenden Jahren eine vollständige Grabkammer und große Kultfiguren freigelegt, die mit ihren Riesenohren wie Mickymäuse aussehen. Gefunden haben die Archäologen aber auch Bergwerke, große Burganlagen und ganze Siedlungen – die Caesar OPPIDA nannte.

Und was schließen die Archäologen aus diesen Funden? Die Gallier gehörten einem größeren Kulturkreis an – den Kelten. Die Kelten waren aber kein einheitliches Volk, das sich seiner gemeinsamen Identität bewusst war. Die Kelten sagen also nicht über sich: »Wir leben zwar weit verstreut, aber wir sind

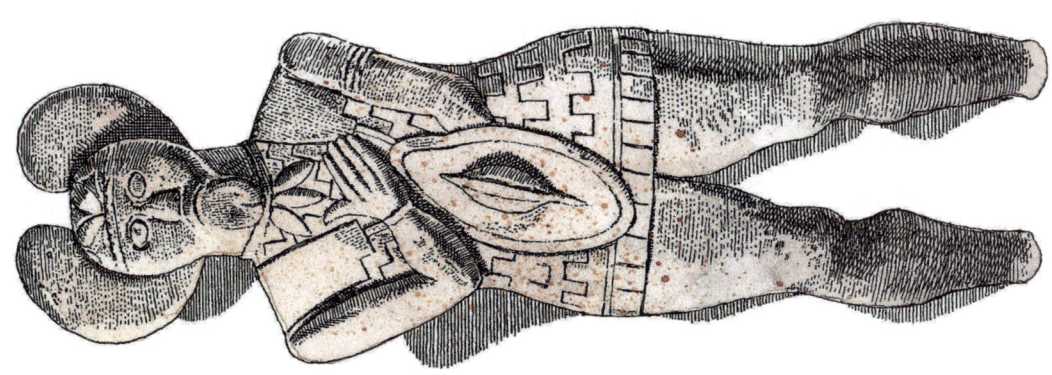

alle Kelten.« Es war vielmehr eine ganze Reihe von unterschiedlichen Völkergruppen. Sie nahmen im Laufe von Jahrhunderten gemeinsame Sitten und Gebräuche, Kunst und Kultur und vor allem eine gemeinsame Sprache an.

Durch genaue Datierungen konnten die Archäologen allerdings die Keimzelle der Keltenkultur ausfindig machen. Die ersten Kelten lebten in Hallstatt im österreichischen Salzkammergut. Dort entdeckten Archäologen gewaltige Bergwerke, in denen vom 8. bis zum 5. Jahrhundert v. Chr. Salz abgebaut wurde. Das Salz, auch »weißes Gold« genannt, war ein begehrter Konservierungsstoff für Lebensmittel wie Fleisch und Fisch. Es wurde über weite Wegstrecken und entlang der Flüsse gehandelt – bis nach Südfrankreich (Marseille) und Oberitalien. Auf umgekehrtem Weg kam das erste Eisen zu den Kelten – vor allem in Form von Waffen. Doch die Kelten lernten schnell, selbst Eisen zu gewinnen und zu verarbeiten.

Gleich neben den Bergwerken von Hallstatt stießen die Archäologen auf einen gewaltigen Friedhof. Unter den rund 1000 Gräbern befanden sich einige mit reichen Beigaben: Waffen und Fibeln aus Eisen, Keramik und etruskische Bronzegefäße. Diese Funde gleichen exakt römischen Funden aus dem 7. und 6. Jahrhundert v. Chr.

Wie ein länglicher Ballon, der sich langsam füllt, breitete sich die Kultur der Kelten zwischen dem 7. und dem 5. Jahrhundert v. Chr. von Hallstatt in Richtung Osten, Westen und Norden aus. Anders als in Norddeutschland setzte sich im keltischen Süden innerhalb von wenigen Generationen Eisen als Werkstoff durch. Spätestens vom 6. Jahrhundert v. Chr. an schöpfte man aus reichen Salz- und Eisenvorkommen, unter anderem in Mitteldeutschland. In dieser Zeit wurden befestigte Burgen auf Anhöhen errichtet – wie die bekannte Heuneburg auf der Schwäbischen Alb, zwischen Ulm und Sigmaringen gelegen. Die Mehrheit der Kelten lebte jedoch überwiegend von der Landwirtschaft. Die Untersuchung der Skelette aus den Gräbern zeigt: Die Kelten hatten keine Mangelkrankheiten durch schlechte Ernährung oder Hunger und ihre Lebenserwartung lag mit 35 bis 40 Jahren für Männer und 30 bis 35 Jahren für Frauen etwas höher als die ihrer Vorfahren in der Bronzezeit.

Als »Markenzeichen« der Keltenkultur entstand in der Mitte des 5. Jahrhunderts v. Chr. ein völlig eigenständiger Zierstil – mit zwei wesentlichen Merkmalen: Ob Fingerringe, Schwertscheiden oder Trinkhornbeschläge, ob aus Gold, Silber oder Eisen – alles verzierten die Kelten mit fantasievoller Ornamentik: geometrische Figuren, Blüten und Blätter, aber auch ein sich in geometrische Elemente auflösendes Gesicht. Und außerdem schufen die keltischen Künstler häufig Symbolfiguren auf Fibeln, an den Griffen von Schnabelkannen, auf Halsringen und Gürtelschnallen. Die Fabelwesen und Dämonen hatten vor allem eine Aufgabe: Sie sollten böse Geister und ständig drohendes Unheil fernhalten.

Doch im 5. Jahrhundert v. Chr. hat der Zauber nicht gewirkt. Es passierte etwas Schlimmes. Viele Keltengruppen mussten ihre Heimat verlassen, eine Völkerwanderung begann. Als mögliche Ursachen sehen die Archäologen eine starke Übervölkerung, verheerende Missernten, eine Verschlechterung des Klimas und soziale Revolten. Höchstwahrscheinlich war es ein Zusammenspiel einiger oder aller dieser Faktoren.

Ein Teil der Kelten zog Richtung Südosteuropa bis zum Schwarzen Meer und weiter in die heutige Türkei. Ein anderer Teil der Kelten wanderte nach Italien, wo sie Rom erreichten und ausplünderten. Im Großen und Ganzen glich diese Völkerwanderung jedoch keinem Feldzug, wenn es möglich war, einigten sich die Kelten mit den Bewohnern der Regionen.

Nach einer Wanderzeit von rund 200 Jahren kamen die Kelten wieder zur Ruhe. Nun bildeten Eisen- und Salzvorkommen in Süddeutschland und dem Mittelgebirgsraum die materielle Grundlage für die Entstehung der neuen Keltenkultur (die sogenannte La-Tène-Zeit). Anhand der Funde haben die Archäologen das Kerngebiet der jüngeren Keltenkultur ausgemacht: das heutige Ostfrankreich, Tschechien und Österreich sowie Süd- und Mitteldeutschland. Bezogen auf den deutschsprachigen Raum heißt das: Unsere Vorfahren waren zum guten Teil Kelten, Germanen siedelten nur im Norden und Osten – mehr dazu im nächsten Kapitel.

OPPIDUM MANCHING – KELTENMETROPOLE IN SÜDDEUTSCHLAND

Acht Kilometer südöstlich von Ingolstadt, am Rande eines Militärflughafens, liegen noch heute die Reste einer großen keltischen Siedlung im Boden. Befestigte keltische Siedlungen nannten die Römer OPPIDUM, der Ort bei Ingolstadt heißt deshalb heute »OPPIDUM Manching«, da sein keltischer Name unbekannt ist. Als in den 1950er-Jahren der Flughafen erweitert werden sollte, konnten vorher Archäologen das ganze Areal untersuchen. Es war das erste Mal, dass eines der bis dahin geheimnisvollen OPPIDA minutiös erforscht wurde. Die Siedlung war im 2. und 1. Jh. v. Chr. rund 380 Hektar groß, das sind rund 500 Fußballfelder, und wurde von einer fast 7000 Meter langen Mauer umgeben. Die Archäologen haben errechnet, dass allein für den Bau der Mauer rund 500 000 Arbeitstage nötig waren – also 2000 Menschen, die 250 Tage, oder 4000 Menschen, die 125 Tage daran gearbeitet haben. Doch lebten überhaupt so viele Menschen in der Siedlung, dass 4000 kräftige Arbeiter zur Verfügung standen? Anfangs wohl nicht, denn da war nur ein Kernbereich von 80 Hektar besiedelt. Seit dem späten 2. Jh. v. Chr. wurden dann auch die Randgebiete besiedelt. Nun wohnten wohl 5000 bis 10000 Menschen dort.
Wovon lebten sie? Weniger von Land- und Viehwirtschaft, mehr von Handwerk und Handel. Über 200 verschiedene Gegenstände aus Metall wurden dort hergestellt: Waffen und Werkzeuge aus Eisen, Schmuck aus Bronze, Silber und Gold. Außerdem wurden seit Mitte des 2. Jh. v. Chr. Münzen geprägt. Sie sind der Beweis für eine weitgehende Arbeitsteilung und einen lebendigen Handel.

Die Kelten lebten nun nicht mehr auf Burgen und in Dörfern, sondern in großen Siedlungen, die von gewaltigen Stadtmauern umgeben waren. OPPIDUM, in der Mehrzahl OPPIDA, werden sie genannt, denn die Archäologen zögern, sie »Städte« zu nennen. Diese umwallten Siedlungen waren zwar so groß wie Städte, doch im Inneren nicht so dicht bebaut, wie wir es von Städten erwarten. Es gab dort viele Freiflächen, die als Weiden genutzt wurden.

Was in diesen Siedlungen geschah, wissen wir aus den reichen Funden von Manching: Sie waren vor allem Handwerks- und Handelszentren. Hier wurden Werkzeuge, Waffen und Schmuck in Massen produziert und eigene Münzen geprägt. Einen Teil dieser Waren tauschten die Kelten mit den benachbarten Bauern, um die benötigten Lebensmittel zu erhalten. Mit dem anderen Teil, besonders den Luxusgütern, betrieben sie Fernhandel.

Also: Die Kelten lebten in großen Siedlungen, stellten Waren her und betrieben Handel mit benachbarten Völkern wie den Römern. War es nur böse Propaganda, wenn Caesar und andere Römer die Kelten als Barbaren beschrieben? Oder gab es handfeste Gründe dafür?

KARIERTE HOSEN, TOTENKOPF-RITUALE UND BARBARISCHE TROMPETENKLÄNGE

Gerechterweise muss man sagen, dass es schon einige Gründe gab. Zuerst einen ganz simplen, der auch heute noch eine Rolle spielt, wenn wir Fremde einschätzen: Die Kelten sahen anders aus. Sie waren deutlich größer als die Römer – Männer waren im Schnitt mit 1,72 Metern mehr als zehn Zentimeter größer als der durchschnittliche Römer. Außerdem hatten sie überwiegend blondes, langes Haar und trugen dazu bunte Kleidung mit gestickten oder gewebten Mustern. Spätestens seit 500 v. Chr. war die keltische Hose Standard. Die keltischen Männer waren die Ersten, die selbstverständlich Hosen trugen, ein Schock für jeden kultivierten Römer.

Es kommt aber noch schlimmer. Die keltischen Krieger galten als besonders grausam, weil sie teilweise noch auf dem Schlachtfeld den besiegten Gegnern die Köpfe abschlugen. Und sie übten grausame Rituale aus – so beschreibt es Caesar: »Manche Stämme besitzen Standbilder von ungeheurer Größe, deren aus Ruten geflochtene Gliedmaßen sie mit lebenden Menschen anfüllen. Dann zünden sie sie von unten her an, sodass die Menschen von den Flammen eingeschlossen werden und in ihnen umkommen.«

Was hat es mit den grausamen Ritualen auf sich? Tatsächlich kamen die Archäologen diesen Praktiken auf die Spur – im nordostfranzösischen Ribemont-sur-Ancre. Zunächst fanden sie dort Hinweise auf ein Schlachtfeld: Verstreut in der näheren Umgebung lagen unzählige Menschenknochen dicht unter der Erdoberfläche. Aber am Rande dieses Schlachtfeldes fanden die Archäologen auf einer 50 Meter mal 50 Meter großen Fläche rund 600 Waffen, über 10000 menschliche Knochen und keinen einzigen Schädel.

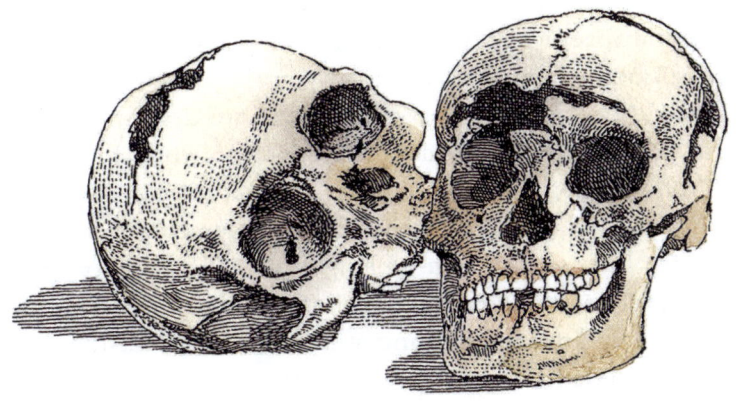

Die Archäologen hatten die Überreste eines »Tropaion« (Siegesmals) gefunden – wie es römische Autoren beschreiben. Die enthaupteten und mumifizierten Leichen der getöteten Gegner wurden auf einem Holzpodest dicht nebeneinander aufgestellt – in voller Kriegsbewaffnung. So boten die Kelten ihre Gegner den Göttern dar.

Doch wo blieben die Schädel? Die fanden die Archäologen auf zahlreichen Kultstätten, etwa im südfranzösischen Entremont oder im westfranzösischen Gournay-sur-Aronde. Dort hatten die Kelten Tempel errichtet, deren hölzerne Tore oder Steinpfeiler sie mit menschlichen Schädeln schmückten. Denn die Kelten glaubten, die unsterbliche Seele wohne im Schädel und mit dem Besitz eines Schädels gehe die Gewalt über dessen Geist einher.

Die Kelten hatten zwar keinen Zaubertrank, der sie unbesiegbar machte. Aber sie hatten eine Kampfweise entwickelt, die die Römer in Angst und Schrecken versetzte. Und die sie deshalb FUROR GALLICUS nannten – »gallische Raserei«. Aber auch bei der Raserei galt: Kelten waren nicht gleich Kelten.

Nur in den dünn besiedelten Randgebieten (beispielsweise Nordgallien) bildeten die Kelten noch wilde Haufen von Einzelkämpfern mit Schwert und Schild. Anders in den Regionen der großen Siedlungen. Die Führer der OPPIDA stellten ganze Heere auf: oft 10000 bis 20000 Soldaten – sie waren einheitlich gekleidet und mit Lanzen, Bronzehelmen, langen Schwertern und mannshohen Schildern ausgerüstet und kämpften in geschlossenen Formationen.

An der Seite der Fußtruppen kämpften Reiter, deren lange Schwerter als Hiebwaffen dienten. Und ihre Streitwagen waren mit Speerwerfern besetzt. Doch die Kelten wären keine Kelten mehr gewesen, wenn sie von ihrer »psychologischen Taktik« abgelassen hätten: Sie reizten ihre Gegner, indem sie alle möglichen und unmöglichen Schimpfworte hinüber ins Feindeslager schrien und sie zum Zweikampf herausforderten. Mit Schlachtrufen und einem gemeinsamen Grölen versetzten sie sich in Raserei. Dann erklangen ihre Schlachttrompeten – für die Ohren der Römer ein barbarischer, beängstigender Klang. Mit Todesverachtung stürzten sich die Kelten daraufhin in den Kampf.

Jahrhundertelang war das ein Erfolgsrezept – doch diese chaotische Kampfweise unterlag letztlich der Disziplin der römischen Legionen. Die hart gedrillten Römer hielten ihre Formationen geschlossen und waren gleichzeitig viel beweglicher als ihre Feinde. Auf diese Weise wehrten sie keltische und germanische Angriffe ab und rieben den Gegner mit ihrer Taktik auf. Und damit sind wir wieder bei unserer Geschichte.

CAESARS GRÖSSTER TRIUMPH UND SEIN TOD

Was als Hilfsaktion gegen plündernde Stämme begann, führte Caesar als systematische Eroberung weiter. Stamm für Stamm wurde unterworfen und ausgeraubt. Caesars Truppen waren nur deshalb zahlenmäßig und taktisch im Vorteil, weil sich die Gallier diese Behandlung gefallen ließen. 53 v. Chr. wagten die bereits besiegten Belgen einen Aufstand gegen die römischen Unterdrücker. Der wurde von den Römern zwar auch blutig niedergeschlagen. Doch dieses Ereignis öffnete

VERCINGETORIX – VORBILD FÜR ASTERIX UND OBELIX

Auf einer gallischen Münze sieht Vercingetorix genauso aus, als wäre er ein Verwandter von Asterix und Obelix: langes Haar, langer Schnurrbart, große Nase und breite Schultern. Vielleicht diente diese Abbildung den Comiczeichnern ja als Vorbild. Doch das Original lebte nicht nur vom Wildschweine- und Römerjagen, und mit Zaubertränken hatte er auch nichts zu tun.

Vercingetorix war 82 v. Chr. als Spross einer Fürstenfamilie des Arvernerstammes geboren worden, die in Südgallien an der Grenze zum Römischen Reich lebte. Sein Vater war hingerichtet worden, als er sich zum König der Gallier machen wollte. Als die Gallier Stamm für Stamm von den Römern geschlagen wurden, konnte Vercingetorix nicht tatenlos zusehen.

Und wieder einmal sind sich die Historiker nicht einig. Die einen sagen: Vercingetorix wurde von seinen Anhängern dahin gedrängt, einen Aufstand aller Gallier gegen die Römer anzuzetteln. Die anderen sagen: Er tat es aus eigenem Antrieb, weshalb er von seinem eigenen Stamm verstoßen wurde. Wer auch immer Recht haben mag, Vercingetorix erwies sich als geschickter Stratege, seine Erfolge auf dem Schlachtfeld führten dazu, dass sich ihm immer mehr gallische Kämpfer anschlossen.

Schließlich wurde seine Streitmacht geteilt und Vercingetorix mit dem kleineren Teil der Truppen in der Stadt Alesia eingeschlossen und von Cäsar belagert und ausgehungert. Als alle Befreiungsversuche gescheitert waren, gab Vercingetorix auf und befahl seinen Leuten, ihn auszuliefern.

Ähnlich wie bei uns Hermann/Arminius wird Vercingetorix in Frankreich als Volksheld verehrt, im 19. Jahrhundert entstanden einige große Denkmäler für ihn – unter anderem in Alesia.

den gallischen Kelten endlich die Augen: Sie waren alle Kelten und ihnen drohte letztlich das gleiche Schicksal wie den Belgen.

Nun erst schlossen sie sich gegen die römischen Eroberer zusammen und leisteten unter der Führung des Keltenfürsten Vercingetorix Widerstand.

Vercingetorix verfolgte eine kluge Strategie: Er suchte keine Entscheidungsschlacht. Immer wieder griff er die Römer an und fügte ihnen große Verluste zu. So lockte er sie immer weiter in den Norden. Gleichzeitig ließ er Dörfer und Felder niederbrennen und erschwerte den Römern die Versorgung mit Lebensmitteln.

Sein Erfolg führte dazu, dass selbst die Haeduer, bis dahin Caesars treue Verbündete, die Seite wechselten. Vercingetorix war allerdings kein uneingeschränkter Befehlshaber, die anderen Keltenfürsten forderten eine offene Schlacht. Die bekamen sie – doch die Römer schlugen sie vernichtend. Das verbliebene Heer zog sich nach Alesia zurück, einem OPPIDUM in der Nähe des heutigen Dijon. Dort kam es zum kämpferischen Finale.

Lange Zeit mussten die Römer das stark befestigte OPPI-
DUM belagern. Die Belagerer drohten sogar selbst zu Belager-
ten zu werden. Sie mussten um ihren Belagerungsring einen
Verteidigungswall errichten, weil ihnen ein gallisches Entlas-
tungsheer in den Rücken fiel. Aber auch hier zahlte sich das
systematische Vorgehen der Römer aus. Nachdem sie die Angreifer zurückgeschlagen hatten, wurden die Gallier in Alesia
regelrecht ausgehungert. Als ein Ausbruchsversuch mit hohen
Verlusten scheiterte, gaben die Gallier auf, Vercingetorix wurde gefangen genommen und einige Jahre später in Rom hingerichtet.

Nun musste Caesar dafür sorgen, dass der Rhein tatsächlich
die Grenze zwischen den neuen römischen Provinzen und den
germanischen Stämmen bildete. Denn die unberechenbaren
Germanen zeigten wenig Respekt. Als sich Caesar 54 v. Chr.
mit seinem Heer in Britannien aufhielt, nutzen das einzelne
Stämme in Gallien für einen Aufstand und suchten Verbündete bei den rechtsrheinischen Germanen. Caesar kam zurück
und schlug den Aufstand nieder.

Um zu verhindern, dass die restlichen Aufständischen nach
Germanien flohen, und um die dortigen Verbündeten zu bestrafen, befahl er eine zweite Rheinüberquerung. Wieder
soll dafür eine Brücke im Rekordtempo errichtet worden
sein. Und wieder stieß Caesar auf kein Heer, das er besiegen konnte. Er beschreibt selbst, was er stattdessen
tat: »Caesar blieb nur ein paar Tage in ihrem Lande.
Während dieser Zeit ließ er alle ihre Dörfer und
Gehöfte in Brand stecken und das Getreide
mähen.« So rettete er die Ehre Roms.

Die rechtsrheinischen Keltengebiete
blieben von den Römern vorerst

35

verschont. Trotzdem wirkten sich die Eroberungen und Zerstörungen in Gallien auch hier aus: Die weiträumigen Handelsbeziehungen zwischen den keltischen Siedlungen funktionierten nicht mehr. Die Kelten verließen ihre großen Siedlungen und ließen sich in kleinen Dörfern nieder, um wieder Landwirtschaft zu treiben. Oder sie wanderten in andere Gebiete ein, aus denen sie die dortigen Bewohner vertrieben, was unter gallischen und germanischen Stämmen eine Kettenreaktion auslöste. Das, was Caesar in seinen Schriften als bereits vorhandene Verhältnisse beschrieb, hatte er durch seine Eroberungen erst geschaffen: Die rechtsrheinischen Gebiete erlebten einen Niedergang ihrer einstigen Kultur.

Caesar bemühte sich zwar, seinen gallischen Eroberungskrieg in seinen Schriften als friedensstiftende Maßnahme darzustellen. Andere römische Autoren zogen jedoch eine viel realistischere Bilanz dieser acht Jahre Krieg. »In Gallien plünderte er die mit Geschenken vollständig gefüllten Heiligtümer und Tempel der Götter, zerstörte Städte öfter wegen der Beute als wegen eines Vergehens. Daher kam es, dass er Gold im Überfluss besaß ...«, berichtet der Caesarbiograf Sueton.

Das Ausmaß der Zerstörung lässt sich durchaus mit heutigen Kriegen vergleichen: Hunderte von Orten zerstört, ein bis zwei Millionen Gallier getötet und ebenso viele versklavt. Einige Regionen wurden dabei regelrecht entvölkert.

Zu diesem drastischen Vernichtungszug hatte der römische Senat Caesar keine Befugnis gegeben. 49 v. Chr. endete Caesars Amtszeit als Statthalter. Er sollte seine Legionen entlassen und nach Rom zurückkehren, wo ihn kein Triumphzug, sondern ein Prozess erwartete. Caesar behielt jedoch seine Soldaten und marschierte mit ihnen in Richtung der Hauptstadt. Ausgerechnet sein früherer Verbündeter Pompeius stellte sich gegen Caesar. Auch ihn und sein Heer musste er erst besiegen, bevor der Weg an die Macht endlich frei war: Im Jahr 46 v. Chr. wurde Caesar für zehn Jahre zum alleinigen Herrscher des Römischen Reiches ernannt, zum Diktator.

Caesar nutzte seine Macht für wichtige Reformen: Er erließ Schulden und regelte die Getreidezuteilungen neu. Er führte neue Regeln zur Verwaltung der schwer ausgebeuteten Provinzen ein. In Rom selbst wurde Land an die verarmten Bürger und an die Kriegsveteranen verteilt. Zwei Jahre später wurde er sogar zum Diktator auf Lebenszeit ernannt. Seit Rom 509 v. Chr. Republik geworden war, hatte man Angst vor einem neuen König.

War das Caesars Ziel? Dafür spricht unter anderem, dass er rote Stiefel zu tragen begann, und das hatten nur Könige in Rom getan. Dagegen spricht, dass ihm bei einer öffentlichen Veranstaltung sein enger Freund Marcus Antonius eine Art Krone aufsetzte, ein Diadem, und Caesar es sofort abnahm.

Auf jeden Fall sahen die alten Familien ihre Macht davonschwimmen. So wurde Caesar 44 v. Chr. von einer Gruppe Senatoren ermordet – mit 23 Messerstichen, wie später festgestellt wurde. Das passierte genau zu dem Zeitpunkt, als er zu einem neuen Feldzug aufbrechen wollte, gegen die starken Parther, die auf dem Boden des alten Perserreiches ein neues iranisches Reich errichtet hatten. Wenn Caesar auch dieses Mal gesiegt hätte, hätte ihn das römische Volk mit Sicherheit als Diktator anerkannt.

Und er hatte weitere Pläne: Er wollte mit seinem Heer am Schwarzen Meer entlang über das heutige Ungarn und Polen marschieren. Und Germanien dann von Osten her angreifen.

Dazu kam es nun nicht. Die Germanen hatten noch einmal rund 30 Jahre Ruhe vor den Römern. Was sie allerdings nicht daran hinderte, immer wieder den Rhein zu überqueren und kleine Beutezüge in Gallien zu unternehmen.

2. KAPITEL

DER KAISER KOMMT AN DEN RHEIN!

Und worin wir die Frage stellen, warum sich die Römer überhaupt für Nordeuropa interessierten.

16 v. Chr. am rechten Rheinufer nördlich der heutigen Stadt Bonn. Bewaffnete Reiterverbände der germanischen Sugambrer setzen über den Strom, um zu einem schnellen Beutezug weit ins Innere von Gallien vorzustoßen. Die Römer, die am linken Ufer siedeln, werden von diesem Vorstoß völlig überrascht, der Statthalter Marcus Lollius stellt sich mit der V. Legion den Plünderern in den Weg. Doch die geraubte Beute beflügelt die Sugambrer. Sie besiegen die Römer und ziehen mit deren Legionsadler davon.

Auch davor hatte es zahlreiche Provokationen der Germanen gegeben. Doch über 30 Jahre lang, seit Caesars Gallischem Krieg, unternahmen die Römer nicht eine einzige Strafexpedition Richtung Germanien. Warum diese lange Pause? So lange waren sie vor allem mit sich selbst beschäftigt.

Aber dieser neue Angriff sollte nicht ohne Folgen bleiben. Denn nun begab sich Kaiser Augustus persönlich nach Gallien. Haben wir richtig gehört: »Kaiser« Augustus? Caesar wurde ermordet, weil er nach Alleinherrschaft strebte – und nun gab es einen Kaiser?

Ja, in Rom hatte sich in kurzer Zeit eine Menge geändert. Nach Caesars gewaltsamem Tod 44 v. Chr. hatten sich die Römer in zwei Lager gespalten:

Auf der einen Seite standen die Mörder Caesars. Sie dachten, sie würden für ihre Tat bejubelt und belohnt. Doch die Stimmung in Rom kippte in die andere Richtung. Der tote Caesar wurde mit einem Mal nicht mehr als Bedrohung der Republik,

40

sondern als Held gesehen. Die Mörder mussten Hals über Kopf aus Rom fliehen.

Auf der anderen Seite standen die Freunde, Soldaten und Anhänger von Caesar. Als deren Führer und Caesars Erben sahen sich zwei Männer an: Marcus Antonius, ein langjähriger Freund Caesars, und der junge Octavian, Gaius Octavius. Gaius Octavius war zu dem Zeitpunkt, als Caesar ermordet wurde, gerade 18 Jahre alt. Er stammte aus einer Familie des Reiteradels und war mit Caesar verwandt, er war sein Großneffe, Octavians Mutter war die Tochter von Caesars Schwester. In seinem Testament hat Caesar Gaius Octavius adoptiert und zu seinem Erben ernannt.

Moment mal – Octavius wurde durch Caesars Testament adoptiert? So steht es in jedem Geschichtsbuch. Doch ein kluger Rechtshistoriker fragte sich eines Tages: Woher haben wir diese Information eigentlich? Auch dies ist eine Form von Textkritik: Zurück zu den ursprünglichen Quellen.

Und siehe da, der Rechtshistoriker hatte den richtigen Verdacht: Die Adoption wird nur bei wenigen römischen Historikern erwähnt – und nur nebenbei. Und diese Historiker lebten erst 100 Jahre nach den Ereignissen. Es gibt also keine Augenzeugenberichte.

Eine Adoption nach dem Tode wäre auch gar nicht möglich gewesen. Denn in Rom herrschten strenge Gesetze. Adoptieren konnte man eine andere Person nur, solange man selbst lebte. Und die Adoption war durch Rituale festgelegt.

Caesar hatte Octavius zwar schon zu Lebzeiten einige Ämter zugespielt und ihn als Haupterben in seinem Testament eingesetzt. Aber er hat ihn nicht adoptiert. Dies war der erste Schachzug des jungen Gaius Octavius, der sich nun Octavian nannte: Er behauptete dies einfach und fügte seinem Namen hinzu »DIVI IULII FILIUS«, »Sohn des vergöttlichten Iulius« (Caesar).

Wie zeigte sich der Erfolg dieses ersten Coups? Freunde und Begünstigte Caesars sowie der Großteil von dessen früheren Soldaten schlossen sich Octavian an. Nun verfügte er quasi über eine Privatarmee. Die war ihm sehr nützlich, als er sein nächstes Projekt anging: Jeder Römer sollte ein Geldgeschenk erhalten – so stand es in Caesars Testament. Doch Marcus An-

SENATOREN UND SKLAVEN - DIE RÖMISCHE GESELLSCHAFTS-PYRAMIDE

Auf der obersten Stufe der römischen Gesellschaft stand der Senatorenadel: Das waren die 600 Mitglieder des Senats und ihre Familien – die reichsten und einflussreichsten Roms.

Darunter stand der Reiteradel, nur etwas weniger reich und einflussreich. Aus ihm gingen hohe Beamte, Provinzverwalter und Offiziere des Heeres hervor. Es folgten die freien Bürger Roms: Händler, Handwerker, Arbeiter und Seeleute, Bauern und immer mehr Tagelöhner und Hungerleider, die in den Gassen Roms strandeten.

Unter ihnen standen noch die Sklaven: Menschen, die etwa in Kriegen gefangen genommen wurden. Auch ihre Kinder wurden durch Geburt automatisch Sklaven. Das Leben der Sklaven konnte sehr unterschiedlich ausfallen: Auf Bauernhöfen und in Bergwerken mussten sie hart arbeiten, als Diener in wohlhabenden Familien lebten sie gut. Manche von ihnen durften sogar Handel treiben, wurden reich und konnten sich die Freiheit erkaufen. Es wird geschätzt, dass jeder fünfte Einwohner Roms in dieser Zeit ein Sklave war.

tonius hatte das bisher verhindert. Octavian zahlte das Geld aus und wurde so vorübergehend zum beliebtesten Mann in Rom.

Und er legte gleich nach und ließ Festspiele zu Ehren Caesars ausrichten. Seine Überlegung dabei war, dass mit Caesars Ansehen auch das seines legitimen Erben stieg. Octavians Plan ging auf, er wurde zu einem der beiden Konsuln gewählt. Diese zivilen und militärischen Staatslenker wurden jährlich vom Volk gewählt.

KAMPF DER KULTUREN

Doch auch die »Mörder« hatten sich in der Zwischenzeit festgesetzt. Sie beherrschten die östlichen Provinzen des Römischen Reiches. Deshalb schloss sich Octavian 43 v. Chr. mit zwei mächtigen Feldherren zusammen: mit Marcus Aemilius Lepidus und mit seinem eigentlichen Widersacher Marcus Antonius. Wieder übernahm eine Dreimännerherrschaft, ein Triumvirat, die Zügel in Rom – und es nutzte seine neu gewonnene Macht schamlos aus, um Kritiker zu vernichten. Sie veröffentlichten Listen mit den Namen von Politikern, Adeligen und reichen Händlern, die für vogelfrei erklärt wurden. Wer ihren Kopf brachte, wurde reich belohnt. So wurde nicht nur jede Kritik im Keim erstickt, sondern auch die eigene Kasse gefüllt. Denn die Vermögen der Ermordeten wurden restlos eingezogen.

Nun konnte das Triumvirat eine gewaltige Armee zusammenziehen, das Heer der Mörder Cäsars bei Philippi in Nordgriechenland zur entscheidenden Schlacht stellen und vernichtend schlagen. Daraufhin übernahm Antonius die reichen östlichen Provinzen.

Zur gleichen Zeit verkündete Octavian das Ende des Bürgerkrieges und ließ sich als Friedensstifter feiern. Aber er hatte weitergehende Pläne, und Lepidus verlor den Rückhalt in seinem Heer, dieser schied also aus dem Kampf um die Macht

MARCVS
ANTONIVS

aus. Nur Antonius hinderte Octavian an der Alleinherrschaft. Und der beging einen Fehler: Wie schon vor ihm Caesar verfiel Antonius der ägyptischen Königin Kleopatra in Liebe.

Octavian hatte sich jedoch gerade erst als Friedensstifter feiern lassen, deshalb konnte er nicht offen angreifen. Er entschied sich für einen »Propagandafeldzug«. Nicht gegen Antonius, das wäre ja einfach zu durchschauen gewesen. Nein, er nahm sich Kleopatra zum Ziel, behauptete, sie sei eine orientalische Zauberin, die den guten alten Marcus Antonius willenlos gemacht habe. Und als entscheidendes Detail ließ Octavian verbreiten, Kleopatra wolle Herrscherin des Römischen Reiches werden und den Regierungssitz von Rom nach Alexandria verlegen. Die Propaganda war wirkungsvoll, Octavian erhielt alle Vollmachten, um gegen Antonius und Kleopatra vorzugehen.

Ihre Flotte wurde 31 v. Chr. bei Actium (Westgriechenland) vernichtend geschlagen. Im darauffolgenden Jahr wurden auch die verbliebenen Truppen von Kleopatra und Antonius aufgerieben. Das Herrscherpaar beging daraufhin Selbstmord. Ägypten war bis zu diesem Zeitpunkt noch ein unabhängiger Verbündeter Roms, nun machte Octavian es zur römischen Provinz, deren Steuern direkt in seiner Privatschatulle landeten.

Octavian kehrte als Held zurück, seine Siege wurden groß gefeiert. Er hatte sich den Weg zur Alleinherrschaft geebnet, doch er hatte auch aus Caesars Fehlern gelernt. Diktator sollte man in Rom nicht zu schnell und zu offensichtlich werden. Und vor allem sollte man sich nicht in aller Öffentlichkeit »Diktator« oder »König« nennen. Also tat Octavian so, als würde die Republik weiterhin bestehen. Er ließ den Senat weiter arbeiten und jährlich zwei neue Konsuln wählen.

Der Senat verwaltete weiter die alten, im Inneren des Reiches gelegenen Provinzen. Octavian aber hatte die alleinige Befehlsgewalt über die vielen Grenzprovinzen und über das gesamte Heer. Sein Erfolg und seine Macht waren so unanfechtbar, dass ihm der Senat den Titel »Augustus« verlieh – was so viel bedeutet wie der »Erhabene« und der »Heilige«. Doch Augustus selbst ließ sich einfach nur »Princeps« nennen – der Erste im Staat. Sein Wohnhaus in Rom und sein Leben dort blieben bescheiden.

Frei von Überheblichkeit zeigen ihn auch die zahlreichen Statuen, die von ihm angefertigt wurden (allein 250 sind heute erhalten – wie viele Tausend werden es einst gewesen sein?). Egal ob der Herrscher in Rüstung, zu Pferde oder fast nackt dargestellt wird (ein Zeichen für seine Gottähnlichkeit) – stets tragen seine Statuen den Kopf eines Knaben. Was heißen soll: Sehet, wie einfach, ja unschuldig ich bin! Während sich Augustus in der Öffentlichkeit bescheiden gab, häufte er heimlich ein Riesenvermögen an. Hauptsächlich über die Einnahmen aus den Provinzen – das werden wir noch im Einzelnen sehen.

MARMOR, BROT UND SPIELE

Rom hatte sich längst wildwüchsig auf den sieben Hügeln am Tiber und den dazwischenliegenden Tälern ausgebreitet. Zum zentralen Platz Roms war im Laufe der Jahrhunderte das Forum Romanum geworden. Bauwerk für Bauwerk wuchs es ohne Plan, bis alles eng und ineinander verschachtelt war. Kein Vorzeigeplatz für die Hauptstadt eines Weltreiches. Schon Caesar hatte ein ergänzendes Forum in unmittelbarer Nähe des alten errichten lassen. Es war von zweigeschossigen Säulenhallen umfasst. Natürlich ließ Augustus nun ein größeres Forum errichten. Gleichzeitig ließ er das Forum Romanum restaurieren und für seine Zwecke nutzen. So entstand an zentraler Stelle

KLEOPATRA

In der Kaiserzeit waren die öffentlichen Gebäude von weißem Marmor umkleidet – Roms Stadtkern leuchtete strahlend hell in der Sonne. Heute dagegen zeigen die vielen antiken Gebäude nur ihr Skelett aus rotem Ziegelstein. Warum?

Gegen Ende des Römischen Reiches im 5. Jh. n. Chr. wurde die Hauptstadt mehrmals geplündert und die Überreste zerfielen rund 1000 Jahre lang. Gleichzeitig blieb Rom durchgehend bewohnt und war auch während des Mittelalters Ziel von Reisenden und christlichen Pilgern. Doch mit Ausnahme des Vatikans glich die Stadt einer Mischung aus Schrott- und Abenteuerspielplatz. Zahlreiche Überschwemmungen des Tibers hatten dazu geführt, dass ein Großteil der antiken Stätten von meterdicken Schlammschichten überdeckt wurde. So bildete das Forum Romanum nur noch eine Weide, aus der vereinzelte Ruinenfragmente herausragten. Oberirdische Bauwerke wie das Kolosseum verfielen.

Die Menschen gingen praktisch vor: Was lässt sich weiter verwenden, was lässt sich recyceln? Tempel, Theater und Thermen wurden zu Marmorsteinbrüchen, das Material wurde für den Bau von Kirchen verwendet. Oder noch schlimmer: Aus Marmor wurde Kalk gebrannt, den man als Baumaterial zum Binden und Abdecken benötigte. Diese Plünderungen gaben den Ruinen ihre heutige Farbe: Die nackten Gebäude aus rotem Ziegelstein blieben stehen – die mit Beton verfugten Ziegelsteine konnten nicht wiederverwendet werden.

der »Tempel des Iulius Caesar«, der dem rächenden Kriegsgott Mars Ultor geweiht war. Auch diesen Fingerzeig verstanden alle: Seht her, wie Augustus mit seinen Gegnern verfährt!

»Ich übernahm Rom als eine Ziegelstadt und überlasse sie euch als eine Marmorstadt«, soll Augustus am Ende seines Lebens verkündet haben. Ganz so war es aber doch nicht.

Wir müssen uns klarmachen: Rom war zu dieser Zeit schon eine Großstadt mit mehr als einer Million Einwohnern. Auf den Plätzen und entlang der Prachtstraßen zeigte Rom seine »Schokoladenseite«. Dort wohnten reiche Römer in Häusern mit Fußbodenheizung, Wasser- und Kanalisationsanschlüssen, sie verbrachten den Tag in Luxusthermen oder im Theater.

Aber dahinter, in den engen Gassen, sah die Hauptstadt der antiken Welt ganz anders aus. Die meisten Römer lebten in heruntergekommenen Wohnvierteln, die man ruhig als Slums bezeichnen kann. Die Armen wohnten in beengten »Mietskasernen«, deren schiefe Wände sich etliche Stockwerke hochzogen. Nicht selten stürzten solche Bruchbuden ein, deshalb musste die Stadtverwaltung ihre Höhe auf fünf Stockwerke begrenzen. Häufig brach Feuer aus – Augustus ließ die erste staatliche Feuerwehr der Geschichte aufstellen.

Die musste sich jedoch den Weg zu den Brandstellen regelrecht freikämpfen. Denn die Gassen in den Slums waren zu eng für den vielen Verkehr. Da die Straßen Roms ständig von Menschenmassen, Transportwagen, Handkarren und Sänften verstopft waren, hatte bereits Caesar die erste Verkehrsberuhigung durchführen lassen: Wagen wurden erst am Abend in die Stadt eingelassen. Der Nachteil: Der nächtliche Verkehrslärm ließ viele Römer nicht zur Ruhe kommen.

Auf der einen Seite Großgrundbesitzer und reiche Spekulanten, die ihren Luxus zur Schau stellten. Auf der anderen Seite ein ständig wachsendes Heer Besitzloser, das hungrig und wütend durch Roms Gassen streifte. Die sozialen Spannungen würden sich irgendwann in einer Revolte entladen. Das spürte Augustus, und deshalb versuchte er, die Lage zu befrieden. Sein Programm, das auch heute noch gern von Machthabern praktiziert wird: Brot und Spiele. Rund 200 000 der Einwohner Roms sollen zu dieser Zeit arm gewesen sein. An sie ließ Augustus monatlich Weizenrationen verteilen – wenn möglich beaufsichtigte er die Ausgabe persönlich, damit die Menschen auch sahen, wem sie dankbar zu sein hatten.

Genauso wichtig für den sozialen Frieden in der Hauptstadt waren jedoch auch die Spiele: Wagenrennen und Reiterspiele im Circus Maximus, Nachstellen berühmter Schlachten,

LEGIONEN – KOHORTEN – ZENTURIEN

Die größte Einheit des römischen Heeres bildete die Legion. Jede Legion erhielt einen eigenen Namen und neben dem Legionsadler noch ein besonderes Erkennungszeichen: Bei vielen war es ein Tier aus dem Tierkreiszeichen, wie ein Stier oder ein Löwe. Die Erste Legion beispielsweise hieß Germanica, weil sie dort einige Zeit stationiert war, das Erkennungszeichen ist unbekannt. Die Fünfte Legion hieß Alaudae (»Lerchen«), nach der Zierde am Helm benannt. Ihr Wahrzeichen war der Elefant, weil sie in Nordafrika über ein Heer mit Kriegselefanten gesiegt hatte. Jede Legion bestand aus zehn Kohorten, die jeweils 480 Mann stark waren. Und die Kohorten wurden noch einmal unterteilt in sechs Zenturien, die wiederum aus 80 Mann bestanden. Das heißt 80 x 6 x 10 = 4800 Legionäre. (In der späteren Kaiserzeit wurde eine Kohorte auf bis zu 1000 Soldaten vergrößert.) Hinzu kamen noch rund

120 Legionsreiter, Hilfstruppen von bis 500 Mann und Sondereinheiten wie Aufklärer und Sanitäter. Summa summarum: Eine Legion umfasste rund 5500 bis 6000 Mann. Allerdings waren die einzelnen Einheiten nicht immer voll besetzt.

Natürlich hatte jede Legion auch eine Führung: An der Spitze der Legion stand der Legionskommandeur, der »Legatus«, und unter ihm sechs Militärtribune. Kommandeur und Tribune waren keine Berufssoldaten, sondern stammten aus dem Reiteradel und dem Senat. Für sie war der Dienst im Heer eine Bewährungsprobe für ihre politische Laufbahn.

Warum wurden die Legionen noch in Kohorten und Zenturien aufgeteilt? Weil das Heer so im Kampf flexibel blieb: Die Legionen konnten sich schnell in mittelgroße und kleine Einheiten aufteilen und wieder vereinen.

Kämpfe gegen wilde Tiere und Gladiatorenkämpfe in den Theatern der Stadt, später dann im Kolosseum. Augustus verschaffte den breiten Massen Zutritt zu diesen Spektakeln, indem er neue und größere Ausrichtungsstätten errichten ließ.

Bisher wurden diese Spiele vor allem von Senatoren oder reichen Händlern bezahlt, Caesar hatte sich ja dabei hoch verschuldet. Augustus nun ließ in seinem Namen und im Namen seiner Familienangehörigen die prächtigsten Spiele ausrichten. Gleichzeitig hinderte er andere Privatpersonen daran, eigene Spiele zu veranstalten. Spätere Kaiser sahen es dann als ihr alleiniges Recht an, Spiele abzuhalten. Denn: Wer die Macht über Brot und Spiele hatte, hatte den größten Einfluss auf die Massen.

Gute Stimmung in der Bevölkerung benötigte Augustus dringend. Denn nach dem Ende des Bürgerkrieges musste er das Heer reduzieren: Die verdienten Soldaten, die »Veteranen«, sollten zum Abschied Land erhalten. Das wiederum hieß: Bauern mussten enteignet werden. Augustus musste sich also entscheiden: Enttäusche ich das Volk oder meine Soldaten? Im Zweifelsfall entschied sich Augustus für das Heer und gegen die Bevölkerung. Das wollen wir uns für später merken: Augustus hatte ein besonders intensives Verhältnis zu seinen Truppen.

Da Augustus seine Armee stark verkleinern musste, führte er gleichzeitig eine tief greifende Heeresreform durch. Bis dahin hatten die Legionen aus wehrpflichtigen römischen Bürgern bestanden. Doch um das riesige Reich dauerhaft zu sichern, wollte Augustus ein stehendes, jederzeit kampfbereites Heer haben. Deshalb führte er ein Berufsheer ein, das in Legionen und Hilfstruppen unterteilt wurde. Die Berufssoldaten erhielten einen festen Sold und einen klaren Arbeitsvertrag (der

WER WURDE IN AUGUSTUS' NEUEM HEER SOLDAT?

Auch wenn das neue Heer unter Augustus keine Bürger-, sondern eine Berufsarmee war – eigentlich sollten die Legionssoldaten (anders als die Hilfstruppen) römische Bürger sein. Doch die Realität sieht immer anders aus. Schon Caesar beschrieb, was für bunt gemischte Haufen seine Legionen waren. Die von ihm aufgestellte Legio V Alaudae bestand überwiegend aus Galliern. Auch während des Bürgerkriegs nahm es niemand so genau: Man brauchte Gefolgsleute und war froh über jeden Mann. Neben den normalen Legionen ließ Augustus Hilfstruppen (Auxiliae) ausheben. Sie wurden genauso wie die Legionen in Kohorten untergliedert. Aber sie bekamen speziellere Aufgaben: Manche bildeten nur Infanterie, also Fußsoldaten, andere nur Kavallerie, also Reiter. Die Soldaten der Hilfstruppen wurden in den römischen Provinzen angeworben.

Das Heer wiederum konnte die besonderen Fähigkeiten der einzelnen Volksgruppen ausnutzen: Gute Reiter kamen aus Arabien und Germanien, Bogenschützen aus Syrien und Steinschleuderer aus Iberien. Für alle diese Krieger wiederum gab es neben dem Sold einen zusätzlichen Anreiz: Nach dem Ende der Dienstzeit konnten die Soldaten das römische Bürgerrecht erwerben.

lief häufig über 25 Jahre). Augustus verfügte nun über 28, manche sagen 30 einsatzbereite Legionen. Zusammen mit den Hilfstruppen standen zwischen 250 000 und 300 000 Mann unter Waffen, verteilt auf das riesige Gebiet vom Rhein bis nach Palästina, damals noch Judäa, und Ägypten.

Nach dieser Dienstzeit erhielten die Soldaten eine Alterssicherung: Veteranen wurde entweder Land zugewiesen oder sie bekamen eine höhere Geldsumme als Abfindung. Augustus siedelte einen Teil seiner altgedienten Soldaten in den Provinzen an. So befanden sich entlang der Grenzen neben den stationierten Truppen weitere zuverlässige und erfahrene Kämpfer.

WARUM IST ES AM RHEIN SO RÖMISCH?

Das Römische Reich unter Augustus – wir müssen uns noch einmal vor Augen führen, wie riesig es war: Ein kleines Stück nordafrikanischer Küste (heute Marokko und Libyen) war noch unabhängig – ansonsten gehörten alle Länder rund um das Mittelmeer zum Römischen Reich.

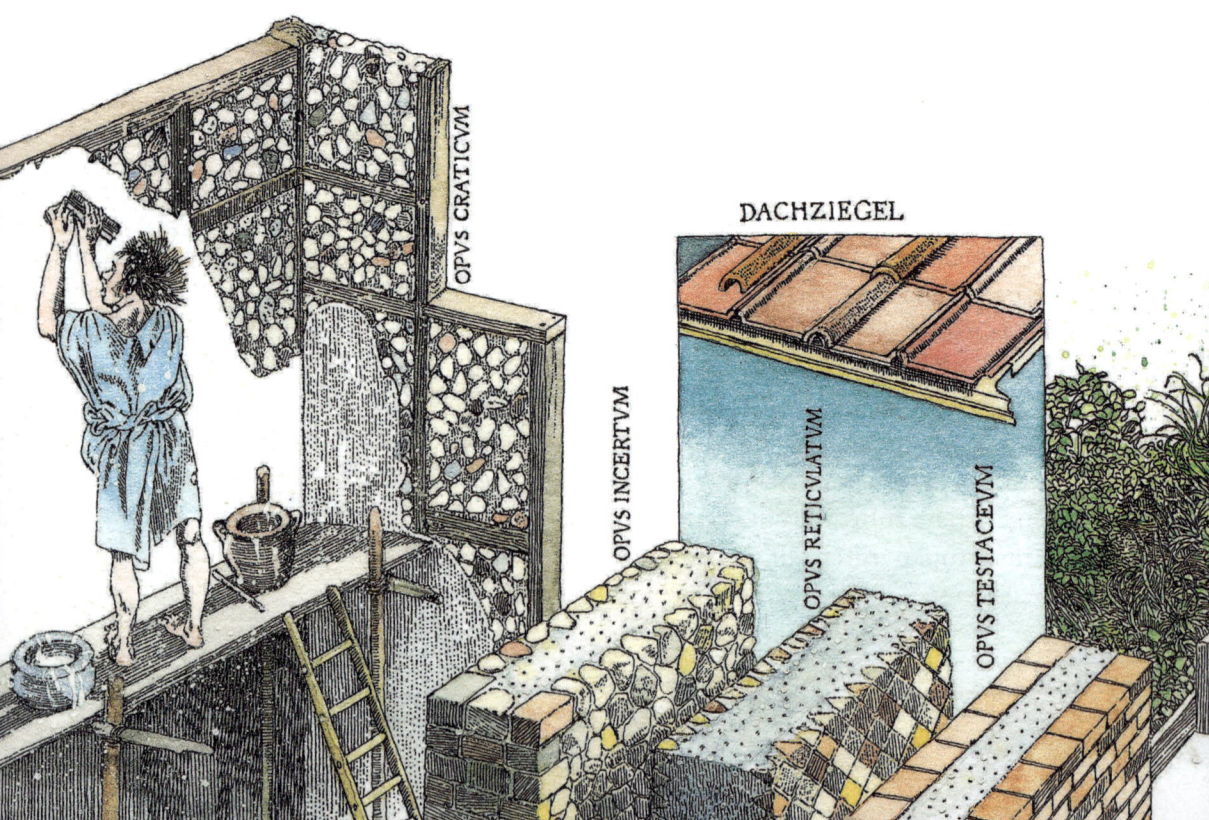

Während seiner Regierungszeit ließ Augustus zwar noch einige strategisch wichtige Gebiete erobern – wie auf der Iberischen Halbinsel oder auf dem Balkan. Aber das eigentliche Ziel seiner Außenpolitik war es nicht, neue Gebiete zu besetzen. Er wollte vielmehr dieses Riesenreich absichern: gegen Eindringlinge von außen und gegen Aufstände in den Provinzen. Da die Grenzprovinzen seine eigentliche Machtbasis und Geldquelle waren, verbrachte er die Jahre zwischen 27 und 13 v. Chr. überwiegend dort.

Aber wie konnten die Römer in diesem riesigen Gebiet ihre Herrschaft behaupten? Der Sieg der Sugambrer über Lollius 16 v. Chr. hatte gezeigt, dass der Rhein als Grenze zu Germanien nicht sicher war. Die Grenze ließ sich besser schützen, indem man sie verkürzte. Allerdings wollte Augustus dabei kein Land verlieren. Er musste sich selbst ein Bild von der Lage vor Ort machen, und deshalb reiste er im Jahr 16 v. Chr. persönlich nach Gallien.

Schon 27 v. Chr. hatte er Gallien dreigeteilt – in die Provinzen GALLIA AQUITANIA, GALLIA BELGICA, GALLIA LUGDUNENSIS. Nun verlegte er sechs Legionen nach Gallien, die besonders entlang des Rheins in Garnisonslager aufgeteilt wurden – an die Grenze zu Germanien. So entstand alle 50 bis 100 Kilometer ein Stützpunkt – von Süd nach Nord: BASILIA (Basel), ARGENTORATE (Straßburg), NOVIOMAGUS (Speyer), BORBETOMAGUS (Worms), MOGONTIACUM (Mainz), CONFLUENTES (Koblenz), BONNA (Bonn), NOVAESIUM (Neuss), ASCIBURGIUM (Moers-Asberg), CASTRA VETERA (Xanten), ULPIA NOVIOMAGUS BATAVORUM (Nijmegen in den Niederlanden).

Damit die Truppen aber auch schnell zu ihren Einsätzen kommen konnten, waren gute Transportwege unverzichtbar. Schon der frühere Provinzverwalter von Gallien, Agrippa, hatte mit dem Bau von Straßen entlang des Rheins begonnen, unter Augustus' Führung wurden Kastelle, erste befestigte Siedlungen und die gleichmäßig im Umland verteilten Gutshöfe durch Straßen miteinander verbunden. Sie wurden von Ingenieuren vermessen und auf weitgehend geradlinigen Trassen angelegt. Auf lange, gerade Strecken folgten sanfte Biegungen. Viele dieser Römerstraßen waren so solide, dass sie bis ins 20. Jahrhundert hinein genutzt wurden.

Warum sich Augustus so viele Jahre in seinen Provinzen aufhielt, hat aber noch einen weiteren Grund. Er entwickelte ein raffiniertes System, um Steuern zu erheben. Die flossen zum Teil in die Kasse des Römischen Reiches und zum Teil in Augustus' eigene. Als er starb, soll er ein Vermögen von über 62 Millionen Denaren hinterlassen haben – umgerechnet

wären das rund 2,5 bis 3 Milliarden Euro. Jeder Erwachsene musste eine Kopfsteuer bezahlen, zusätzlich musste auf Häuser und Ländereien noch eine Vermögenssteuer entrichtet werden. Damit die Steuereintreiber aber niemanden übersahen, wurden regelmäßig Schätzungen der Ländereien und Häuser sowie Volkszählungen durchgeführt. Davon hören wir ja jedes Jahr wieder zu Weihnachten: »Und es ging ein Gesetz aus von Kaiser Augustus, dass alle Welt sich schätzen lasse ...«

Im Gegenzug erhielten die Bewohner der römischen Provinzen auch einiges: Die Römer vernetzten ihre Städte, Siedlungen und Militärlager mit zuverlässigen Straßen. Ständige Präsenz römischer Soldaten bedeutete Sicherheit gegen äußere Feinde, das römische Rechtssystem bedeutete Sicherheit im Alltag. Provinzbewohner konnten sogar römische Bürger werden. Das heißt aber nicht, dass Augustus besondere Rücksicht auf die Einheimischen nahm. Sie waren in seinen Augen nicht mehr als Figuren eines Schachspiels – man stellte sie dorthin, wo man sie brauchte. »Zwangsumsiedlungen« sind bis heute ein wichtiges Instrument diktatorischer Regierungen. Was heißt »Umsiedeln«? Alle Menschen eines Stammes mussten in wenigen Tagen ihr Hab und Gut packen, sie wurden aus ihrer Heimat gerissen und einfach irgendwo anders wieder angesiedelt. Das konnte nur 10 bis 20 Kilometer von ihrem Heimatort entfernt sein oder auch 1000 Kilometer weit weg. All ihr Wissen über ihre Umgebung und die Kontakte mit den Nachbarn waren verloren, sie waren in der neuen Umgebung hilflos. Und deshalb waren sie stark auf die Regierung angewiesen, die sie umgesiedelt hatte.

Für Augustus kam hinzu: Stämme, die den Römern schon länger treu ergeben waren, konnte er in grenznahen Gebieten ansiedeln. Das waren beispielsweise die germanischen Ubier. Sie hatten eigentlich auf rechtsrheinischem Gebiet gelebt, dort aber ständig Ärger mit ihren germanischen Nachbarn bekommen. Deshalb hatten sie sich mit den Römern verbündet – schon Agrippa hatte Ubier entlang

51

des linksrheinischen Ufers angesiedelt. So entstand 38 v. Chr.
an der Stelle eines alten keltischen OPPIDUMS eine neue Siedlung, aus der sich später Köln entwickelte.

Auch im Hinterland des Rheins wurden die Römer aktiv,
besonders am westlichen Mittelrhein, also südlich von Köln,
den heutigen Regionen Rheinland-Pfalz, den südlichen Niederlanden und im nördlichen Belgien. Kaiser Augustus suchte einen günstigen Platz für einen neuen Stützpunkt seiner Provinz
GALLIA BELGICA. Er fand ihn an der Mosel an verkehrsgünstiger
Stelle, an der bereits eine Siedlung der Treverer stand. Die Treverer waren ein keltischer Stamm, den Caesar während seines Feldzuges zweimal unterworfen hatte. Hier
ließ Augustus 16 v. Chr. den neuen Stützpunkt
errichten und gab ihm einen Namen, der das
Alte mit dem Neuen verband: AUGUSTA TRE-
VERORUM, uns heute bekannt als Trier.

Noch heute lassen sich in Trier das mächtige
Stadttor Porta Nigra, die kaiserliche Palastaula und die
Ruinen der gewaltigen Thermen erkennen. Allerdings
stammen diese römischen Protzbauten alle aus späterer
Zeit: dem 2. bis 4. Jahrhundert n. Chr. Augustus ließ
zunächst eine Siedlung aus Holz errichten. Fast alles,
was die Römer bis Ende des 1. Jahrhunderts n. Chr. am
Rhein erbauten, bestand aus Holz und Lehmfachwerk.

Aber nicht nur in Lagern und Siedlungen wurde
kräftig gewerkelt, auch auf dem Land wurde vieles völlig umgewälzt. Rund um Trier entstanden Hunderte
von Gutshöfen – die sogenannten VILLAE RUSTICAE.
Der Gutsherr hatte eine große Anzahl von Arbeitern
und Sklaven, die auf großen Flächen Getreide, Gemüse
und Obst anbauten. An den Hängen der Mosel konnten
sogar südliche Gewächse wie Wein gedeihen. Den Wein-
anbau verboten die Römer aber zunächst dort, weil die
römischen Weinhändler Konkurrenz befürchteten.

So wurden große Überschüsse an Lebensmitteln produziert, um die Siedlungen und Militärlager zu versorgen. Mit
Handwerk und Handel ließ sich gut verdienen. Anfangs betrieben Römer den Handel, doch schon bald lösten Einheimi-
sche sie darin ab.

Moment mal – Wein, Obst- und Gemüsesorten aus Italien wurden im kalten Norden angebaut? Warum verbrachte Augustus so viel Zeit an der Grenze zu Germanien? Er musste sich doch um eine ganze Reihe anderer Provinzen kümmern, die von Nordeuropa bis nach Ägypten reichten. Wichtige Hinweise hierzu kommen von der Klimageschichte. An ihr arbeiten weltweit Klimaforscher zusammen mit Wissenschaftlern, die zur Hälfte Archäologen und zur Hälfte Biologen sind.

Bei archäologischen Ausgrabungen und mithilfe von Bohrungen in Erd- und Eisschichten (z. B. auf Grönland) untersuchen sie die Ablagerungen vergangener Zeiten. Dabei suchen sie nach Zeugnissen für das jeweilige Klima: Das Eis enthält Informationen darüber, wie kalt es in der entsprechenden Winterzeit war. Die vielen kleinen Pollenkörner in den Schichten zeigen, welche Pflanzen sich in der wärmeren Jahreszeit besonders ausbreiteten.

Für die Zeit um 50 v. Chr. kommen die Archäobiologen zu einem wichtigen Schluss: Es gab einen Klimawandel, damit wurde es deutlich wärmer in Nordeuropa, sogar wärmer, als es heute hier bei uns ist. Das beweisen nicht nur Pflanzenpollen, sondern auch Spuren an der Nordseeküste. Dort stieg der Meeresspiegel an, die Menschen mussten zurückweichen. Der Anstieg des Meeresspiegels weist – wie heute auch – darauf hin, dass die Gletscher schmolzen. Weil es auf der nördlichen Erdhalbkugel wärmer wurde.

Für die Römer bedeutete diese Entwicklung außerdem, dass die tiefstgelegenen Übergänge über die Alpen im Winter nicht mehr durch Schneemassen verschüttet wurden, sondern das ganze Jahr hindurch halbwegs passierbar waren. Das ist ein entscheidender Faktor, wenn man die Alpenpässe und Gebiete nördlich der Alpen in Besitz nehmen will. Bereits 25 v. Chr. hatten die Römer die westlich gelegenen Alpenpässe des Großen und Kleinen Sankt Bernhard (heutige Schweiz) unter ihre Kontrolle gebracht. Nun kamen die östlichen dazu, wie der wichtige Brennerpass. Denn Augustus' nächster Befehl lautete: Erobert das Alpenvorland!

Hierfür setzte der Kaiser seine beiden Stiefsöhne Drusus und Tiberius als Feldherren ein. Sie stießen mit ihren Truppen von zwei Seiten aus nach Südbayern vor. Anhand der heute be-

ARCHÄOBIOLOGIE – WAS EIN KLEINES POLLENKORN SO ALLES ERZÄHLEN KANN

Früher haben die Archäologen biologische Funde einfach nicht beachtet. Heute werten Archäobiologen, also für biologische Fragen besonders ausgebildete Archäologen, und Geologen diese Informationen der Vergangenheit aus, die flächendeckend im Untergrund lagern. Mit den Sedimenten haben sich auch die Jahrtausende überdauernden Sporen, Keime und Pollen im Boden abgelagert, die durch archäologische Grabungen und Bohrungen in der freien Landschaft aufgespürt werden. Die Zusammensetzung der Böden und Sedimente erzählt den Geologen, die Analyse der Sporen und Keime den Archäobiologen viel über die Umwelt vor Jahrtausenden: Klima, Vegetation und den durch Menschen verursachten Landschaftswandel.

kannten Marsch- und Legionslager aus dieser Zeit lässt sich der Weg der beiden Heere gut nachvollziehen. Sogar einzelne Truppenverbände können wir ausfindig machen: Von der 19. Legion fanden die Archäologen auf offenem Gelände eine Katapultspitze mit dem Stempel der Legion und im Legionslager Dangstetten ein Bronzeblech mit dem Stempel XIX – die römische Ziffer 19.

Unter dem Feldherrn Drusus marschierte ein römisches Heer vom Süden, von der Po-Ebene aus, über den Brennerpass über die Alpen. Gleichzeitig setzte sich von Gallien aus Tiberius mit seinen Legionen Richtung Alpenvorland in Bewegung. Dabei gelangten sie über den Hochrhein zum Bodensee und schlugen die einheimischen Kampftruppen auch auf dem Wasser. Schließlich vereinten sich die beiden römischen Heere am Oberlauf des Lechs und stießen entlang des Flussufers noch rund 50 Kilometer weiter nach Norden vor. Dort, an der nördlichen Grenze des Römischen Reiches, wurde als Hauptmilitärstützpunkt AUGUSTA VINDELICUM errichtet, das heutige Augsburg.

Innerhalb eines Jahres konnten die beiden Feldherren diese militärische Großoperation abschließen. Das ganze Gebiet wurde später zur römischen Provinz Rätien umorganisiert, mit Truppenlagern, römischen Siedlungen und Straßen sowie einer römischen Landwirtschaft.

EXPERTENSTREIT: WOLLTE ER ODER WOLLTE ER NICHT?

War dies nur der Auftakt für weitere, größere Vorhaben? Wir erinnern uns noch einmal: Das Ziel der Außenpolitik des Römischen Reiches unter Augustus war es nicht, neue Gebiete zu erobern! War also die Anwesenheit von Augustus in Gallien wirklich der Auftakt zu einer neuen Eroberung Germaniens? Über diese Frage herrscht seit langer Zeit Uneinigkeit unter den Gelehrten. Dieses Mal findet der Streit nicht zwischen Historikern und Archäologen statt. Die Front zieht sich mitten durch beide Lager.

Die einen Forscher sagen: Ja, alles spricht dafür, dass die Römer seit 16/15 v. Chr. die Absicht verfolgten, Germanien zu erobern und zu einer Provinz zu machen. Sie hatten vor, vom Westen bis zur Elbe vorzudringen und über den Böhmerwald Anschluss an die rätische Donaugrenze zu suchen. Augustus vertraute sämtliche Eroberungsfeldzüge Angehörigen seiner Familie an. Denn es sollte sein »persönlicher Erfolg« werden: »Ich habe Germanien erobert und befriedet!«

Die anderen Historiker und Archäologen entgegnen: Nein, die Römer haben zu keiner Zeit die Absicht erklärt, Germanien ganz zu erobern. Warum hätten sie aus »GERMANIUM BARBARICUM«, dem barbarischen, also zivilisationslosen Germanien, eine Provinz machen wollen? Das Römische Reich benötigte zu dieser Zeit keine neuen Eroberungen, die vielen Provinzen warfen genug Einkünfte für den Kaiser und für den römischen Senat ab. Auch Regionen als Bewährungsfelder für das Heer und seine Befehlshaber, die künftigen Senatoren, gab es genug: auf dem Balkan und im Nahen Osten. Nicht zuletzt machten die Germanen den Römern auch ohne Eroberungen an der Rheingrenze zu schaffen. Die römischen Kaiser und Feldherren reagierten immer nur auf die jeweilige Situation an ihrer Grenze zu Germanien: einmal mit Expansion, einmal mit Grenzsicherung und hin und wieder auch mit Rückzug.

So war die Einnahme von Rätien wahrscheinlich nur eine klar umrissene Aktion. Ziel war ein dauerhafter Schutz der Bewohner Norditaliens vor den Überfällen der Alpenbewohner. Doch es kam noch eine Kleinigkeit dazu: Neben neuen Garnisonsstandorten ließ Augustus auch zwei wichtige Aufmarschplätze und Nachschublager errichten: MOGONTIACUM – das heutige Mainz – und VETERA – das heutige Xanten. Lager für den Aufmarsch und den Nachschub von Truppen? Denn Augustus führte doch etwas im Schilde.

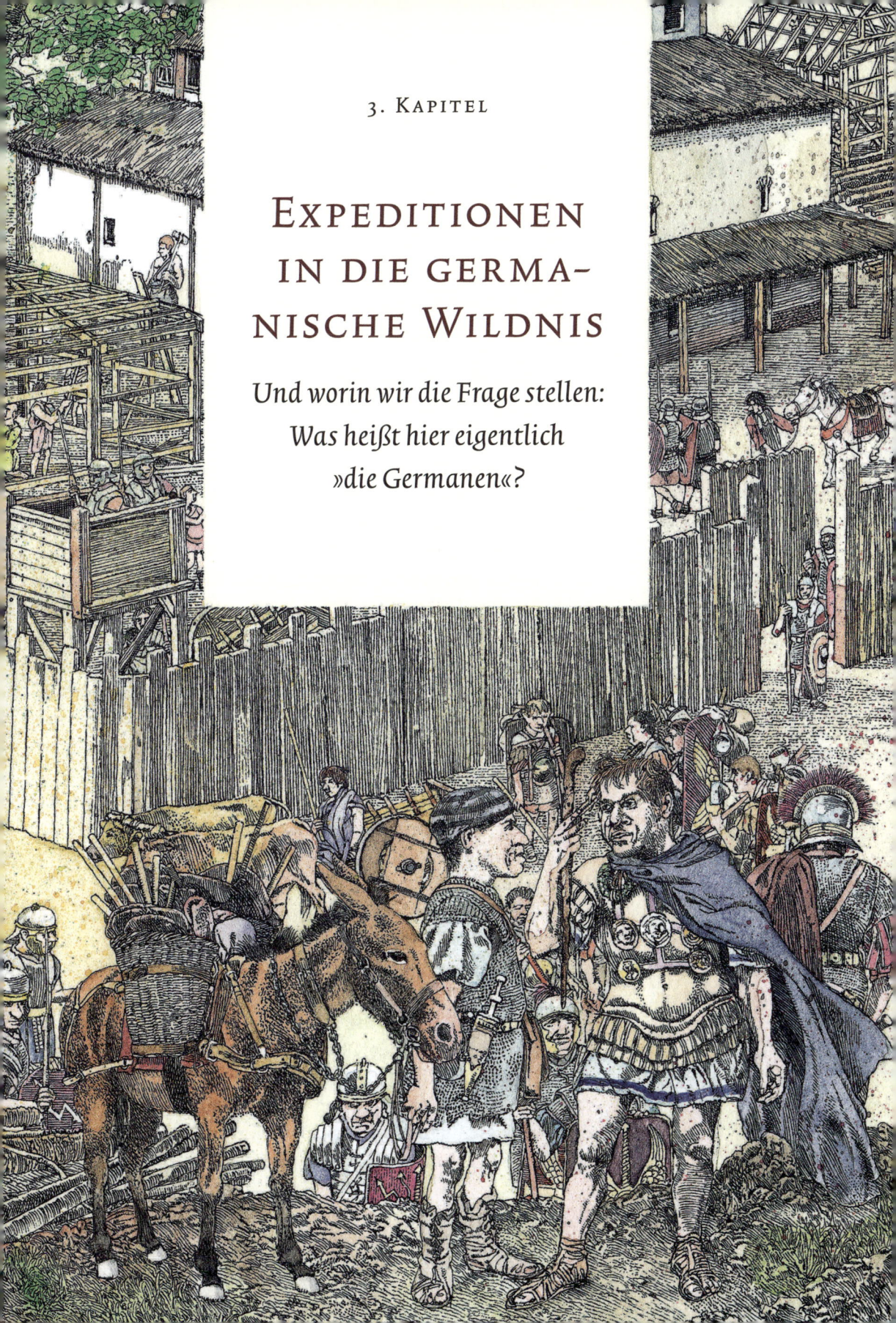

3. Kapitel

Expeditionen in die germanische Wildnis

Und worin wir die Frage stellen: Was heißt hier eigentlich »die Germanen«?

Im Jahr 13 v. Chr. ersteigt am westlichen Rheinufer, 60 Meilen (88,8 Kilometer) nördlich von Köln, die römische Vorhut eine keilförmige Anhöhe. Von dort oben kann man auf dem gegenüberliegenden Rheinufer die Stelle erkennen, wo die Lippe in den großen Strom mündet. An dieser strategisch wichtigen Stelle lässt Drusus sogleich ein Doppellegionslager errichten. Die Römer nennen es CASTRA VETERA (altes Lager). Entweder ein Hinweis darauf, dass hier schon vorrömische Siedlungen lagen oder dass die Römer hier schon früher Marschlager errichtet hatten. Jetzt wurde hier die 18. Legion, vermutlich zusammen mit der 17. Legion, stationiert. Beide Legionen sollten später mit Varus in den Untergang ziehen.

Heute wird die Anhöhe »Fürstenberg«, das Römerlager darauf »Vetera I« genannt. Es liegt zwei Kilometer südöstlich der späteren Römerstadt Xanten mit ihren Tempeln und ihrem Amphitheater. Und weil es eben nicht überbaut wurde, konnten die Archäologen hier die Überreste des 902 Meter x 621 Meter großen Kastells und weiterer Legionslager freilegen.

Erst wenige Wochen zuvor war Augustus wieder nach Rom zurückgekehrt. Als Feldherrn hat er seinen Stiefsohn Drusus zurückgelassen. Drusus ist zu diesem Zeitpunkt 26 Jahre alt. Trotzdem hat er nun den Oberbefehl über sechs Legionen und eine schwierige Mission: Er soll die Sache mit Germanien »voranbringen« – welche genauen Befehle Augustus ihm damals erteilte, wissen wir nicht. Etwas macht den Auftrag jedenfalls zusätzlich brisant, denn Drusus ist offensichtlich ein Hitzkopf, ein kämpferischer Draufgänger. Die Soldaten, die schon unter Drusus gekämpft haben, erzählen es den Neuankömmlingen gleich an dem Abend, als Drusus das Oberkommando erhält: »Macht euch darauf gefasst, dass es mit Sicherheit größere Verluste geben wird!«

Drusus' erster Befehl an die Truppen war, das Lager CASTRA VETERA weiter zu festigen. Dazu wurde sehr viel Holz benötigt, alle Wälder in der näheren Umgebung wurden gerodet. Denn die Soldaten errichteten nicht nur einen Holz-Erde-Wall von rund 3000 Metern Länge. Auch die Gebäude im Lager bestanden überwiegend aus Holz und Holz-Lehm-Fachwerk. Hinzu kam eine besondere Aufgabe, die noch mehr Holz erforderte: Die Soldaten begannen, Flussschiffe zu bauen.

Antike Autoren berichten davon, dass die Flotte schließlich 1000 Schiffe umfasst habe. »1000 Schiffe« – mit diesem Begriff wollen sie wohl einfach nur die ungeheure Größe dieser Flotte beschreiben. Denn auch Caesar soll mit 1000 Schiffen nach Britannien übergesetzt sein und später soll Germanicus wiederum mit 1000 Schiffen ausgezogen sein. Wenn es einige Hundert Schiffe waren, war das für die damalige Zeit auch schon eine große Menge. Noch bevor die Flotte fertiggestellt werden konnte, drangen die Sugambrer im Frühjahr 12 v. Chr. erneut über den Rhein. Drusus konnte sie mit einem Teil seiner Truppen zurückdrängen, doch er wollte ihnen nun eine Lehre erteilen.

DER ERSTE FELDZUG IN EINE »NEUE WELT«

Am 1. August des Jahres 12 v. Chr. startete Drusus dann seine erste »Strafexpedition«. Beim heutigen Nijmegen setzte er mit seinen Truppen über den Rhein und folgte mit etwas Abstand dem östlichen Ufer stromaufwärts. Hier lag das Gebiet der germanischen Usipeter. Er ließ es nach dem Muster von Caesars Germanienzügen verwüsten. Dann erreichten die Truppen die Lippe, die sich vom Rhein in östliche Richtung bis fast zum Teutoburger Wald schlängelt. Südlich der Lippe lebten die Sugambrer – dort lag das eigentliche Ziel dieses Straffeldzugs. Ihr Heimatgebiet erstreckte sich zwischen Lippe und

Wupper – dem heutigen Sauerland. Manche Sprachforscher sagen, der Name »Sauerland« gehe auf »Sugambri« zurück. Die Römer setzten über die Lippe und drangen zügig vor. Doch es lief wie schon bei ähnlichen Feldzügen: Die Sugambrer entzogen sich einer direkten Konfrontation. Die Römer verwüsteten ihre Dörfer und Felder und kehrten um.

Drusus musste sich etwas anderes einfallen lassen. Als er mit seinen Truppen nach CASTRA VETERA zurückkehrte, war bereits ein Großteil der Flotte gebaut. Moment mal – die römischen Soldaten waren doch nicht alle Schiffsbaumeister. Wie konnten sie abseits ihrer Häfen und Werftanlagen so schnell so viele Schiffe bauen? Und wie leistungsfähig waren diese Boote? Darüber erfahren wir nichts aus den antiken Schriften.

Die Rheinbrücke des Julius Caesar nachzubauen wäre ein zu gewaltiges Projekt für experimentelle Archäologen gewesen. Aber ein kleines Kriegsschiff der Römer – das können sie! Christoph Schäfer, ein Althistoriker, ist ein Spezialist für Römerschiffe. Er hatte mit seinen Studenten bereits eine römische Galeere nachgebaut und sich als nächstes ein römisches Flusskriegsschiff vorgenommen. Als Vorlage diente ein Originalfund, der 1994 aus dem Uferschlick der Donau nahe Ingolstadt geborgen werden konnte.

Dort befand sich einst die Anlegestelle des Römerkastells von Oberstimm. Hier konnten die Archäologen im feuchten Untergrund den nahezu vollständigen Rumpf eines Flusskriegsschiffs aus dem 1. oder 2. Jahrhundert n. Chr. freilegen. Dann konservierten sie das Wrack und rekonstruierten sein früheres Aussehen. Das Schiff gleicht einem normalen, etwas länglichen Ruderboot, wie wir es heute noch kennen – es ist

16 Meter lang und 3 Meter breit. Doch sein Bug scheint von einer der römischen Kriegsgaleeren zu stammen, denn nach oben hin läuft er in einer Schnecke aus, nach unten wird er zum Rammbock. Das Schiff verfügt über 18 Ruder und ein großes Rahsegel, also ein einfaches rechteckiges Segel, das quer zur Windrichtung ausgerichtet wird.

Und gebaut wurde es – damals wie heute – mithilfe eines kleinen Tricks. Den Bootsinnenraum des Originals hatten die Wissenschaftler genau vermessen und nach diesen Maßen ein Holzgerippe erstellt. Planke für Planke zimmerten nun die Studenten und Lehrlinge einfach um dieses Holzgerippe herum den Schiffsrumpf. Dann erst wurden die Spanten, also die Querverbindungen des Schiffes, eingearbeitet, und zum Schluss wurde der Schiffsrumpf mit Holzpech abgedichtet. Diese Kompaktbauweise war auch bei den Römern üblich, denn die Mehrheit der Legionäre war nicht im Schiffsbau ausgebildet. Nur beim Einsatz der Werkzeuge hielten sich die Wissenschaftler nicht an das

RÖMISCHE FLUSSSCHIFFE

Es gab noch, wie seit der Steinzeit, Einbäume für den Fischfang oder für einzelne Personen, die übersetzen wollten. Als Lastkähne und Kriegsschiffe dagegen wurden Bootsrümpfe aus Planken verwendet. Lastkähne waren bis zu 30 Meter lang, flach und besonders breit. Damit eigneten sie sich gut, um viele Güter (bis zu 100 Tonnen) aufzunehmen. Sie wurden gestakt (mit einer langen Stange) oder getreidelt – also mit Seilen von Land aus per Mensch und Maulesel gezogen.

Neben kleinen Aufklärern und großen Flottentransportern gab es die Kriegsschiffe: Sie waren bis zu 21 Meter lang, 3,3 Meter breit und hatten nur bis zu 70 Zentimeter Tiefgang. Neben den Flusskriegsschiffen, wie sie von Experimentalarchäologen nachgebaut wurden, gab es vermutlich noch einen zweiten Typ. Der sieht aus wie die kleine Schwester der großen Kriegsgaleeren, die wir aus vielen Römerfilmen kennen. Diese Schiffe sind etwas kantig, haben hohe Bordwände, aus denen die zahlreichen Ruder in zwei übereinander angeordneten Reihen herausragen. Sie besitzen vorn einen Rammsporn und in der Mitte einen hohen Mast, an dem ein großes Rahsegel befestigt werden kann.

historische Vorbild: Statt Hobel, Säge, Hammer, Stecheisen verwenden die Studenten und Auszubildenden heute Elektrowerkzeuge aus dem Heimwerkermarkt.

Das Schiff lief im Frühjahr 2008 vom Stapel. Die Fahrten mit ihm sind ein echtes Stück experimenteller Archäologie. Denn wie diese Schiffe aussahen und wie sie gebaut wurden, das wissen die Archäologen bereits. Was sie jedoch nicht wissen, ist: Wie viele Menschen und welche Menge Material konnten sie an Bord nehmen? Wie gut lässt es sich manövrieren? Die Flüsse damals waren ja nicht begradigt und aufgestaut, sondern wilde Ströme, die ihr Flussbett dauernd veränderten. Wie schnell konnten die Römerschiffe auf ihnen vorankommen? Was die experimentellen Archäologen außerdem noch interessiert: Konnten sie auch über die offene See fahren, ohne zu kentern?

IM LAND DER GEZEITEN UND WURTEN

Denn der zweite Teil seines Expeditionsfeldzugs führte Drusus' Schiffe auch an die gefährliche Nordseeküste. Gefährlich nicht nur wegen ihrer gewaltigen Stürme, sondern auch wegen Ebbe und Flut – einem Phänomen, das die Römer aus ihrer Mittelmeerwelt nicht kannten. Noch im Jahr 12 v. Chr. legte Drusus' Flotte am Rheinufer bei CASTRA VETERA ab. Der

erste Teil der Strecke war einfach: Die Schiffe ließen sich stromabwärts treiben. Doch die Flotte ließ sich nicht durch das Rheindelta in die offene Nordsee treiben – die Römer wollten sich nicht schon zu Beginn mit wilden Kriegern wie den dort lebenden Batavern auseinandersetzen. Stattdessen legten sie Kanäle von den Rheinarmen zum Lacum Flevo – dem heutigen IJsselmeer – und von dort ins Wattenmeer an. Deren genaue Lage konnte bis heute nicht ermittelt werden. Doch wie bei der Rheinbrücke stellen sich auch hier Zweifel ein. War das möglich? Immerhin gibt es ein vergleichbares Projekt. Karl der Große hat um das Jahr 793 herum einen mittelalterlichen Main-Donau-Kanal ausheben lassen, den die Archäologen mittlerweile rekonstruieren können. Es war also möglich, mit Hacke, Schaufel, Körben und genügend Arbeitskräften einen Kanal zu graben. Doch der benötigte viel Zeit und gute Planung: Wo liegt die günstigste Stelle? Wie tief muss gegraben werden?

Den römischen Geschichtsschreibern zufolge gelangte die Flotte über diesen Kanal ins IJsselmeer und weiter in die Nordsee. Sie umschifften einen Teil der Westfriesischen Inseln und fuhren in die breite Emsmündung hinein. Glücklicherweise hatten die Schiffe ja nur 50 bis 70 Zentimeter Tiefgang. Das war in den Wattgebieten der Küste von großem Vorteil, denn sie konnten bei Ebbe kleinste Rinnsale entlangsegeln oder sich einfach trockenfallen lassen. Die Schiffsflotte führte ja keine Kampfeinsätze durch, sie operierte als Transporteinheit. Sie setzte die Landsoldaten an der Küste oder auf dem Wattboden ab: Infanterie und Reitereinheiten.

Über die Begegnung der Römer mit den Germanen an der Nordseeküste berichtet Plinius der Ältere, der sechs Jahrzehnte nach der Varusschlacht als Offizier unter den Kaisern Vespasian und Titus in Germanien diente und der später ein berühmter Naturforscher und Autor wurde: »Abgeschnitten vom Festland bei Flut und nur zu erreichen bei Ebbe wohnt ein armseliges Völkchen, die Chauken. Sie machen in der Nähe ihrer Hütten auf die Fische Jagd, die sich mit dem Meer zurückziehen. Vieh können sie nicht halten und sich auch nicht von Milch nähren wie ihre Nachbarn. (...) Aus Seegras und Binsen drehen sie Stricke und knüpfen daraus die Netze zum Fisch-

BRONZE FUTTERAL

RÖMISCHES BEILMESSER

BRONZE FUTTERAL

RÖMISCHE DOPPELAXT

fang. Mit ihren Händen sammeln sie Schlamm und trocknen ihn mehr im Wind als in der Sonne. Mit diesem Torf kochen sie dann ihre Speisen und wärmen die vom Nordwind steifen Glieder. Als Getränk dient ihnen nur Regenwasser, das sie in Gruben im Vorraum des Hauses sammeln. Und diese Menschen behaupten, wenn etwa heute das römische Volk sie besiegte, dann würden sie Sklaven! Wirklich: Viele verschont das Schicksal, nur um sie zu strafen.« An diese Beschreibung mussten die Archäologen wohl denken, als sie an der Küste zwischen den heutigen Städten Bremerhaven und Cuxhaven eine germanische Siedlung freilegten: Wurt Feddersen Wierde.

Eine sogenannte Wurt ist eine von Menschenhand errichtete Anhöhe, wie es sie heute noch auf den Nordsee-Halligen gibt. In den letzten Jahrhunderten vor der Zeitenwende war die Nordsee zurückgewichen und die Menschen waren ins scheinbar sichere Marschland vorgedrungen und hatten dort Häuser und Dörfer gebaut. Feddersen Wierde war eine flache natürliche Kuppe, auf der zwischen 100 und 50 v. Chr. die ersten Häuser errichtet worden waren. Doch dann stieg der Meeresspiegel wieder an – um wenige Zentimeter im Jahr,

doch unaufhaltsam. Die Sturmfluten in Herbst und Winter überspülten immer häufiger das umliegende Marschland und machten auch vor der Siedlung nicht halt. Deshalb hatten die Menschen eine Technik entwickelt, ihre Siedlung in die Höhe wachsen zu lassen. Bevor sie ihre Häuser neu bauten, was spätestens alle 30 Jahre der Fall ist, schichteten sie den Baugrund mit Soden aus Mist, Kleie oder Rasenflächen auf. So entstanden zunächst kleine Kernwurten, die im Laufe der folgenden Jahrhunderte zu einem halbrunden Wurtendorf ausgebaut wurden.

Aber was finden die Archäologen nach 2000 Jahren von diesen Häusern eigentlich noch? Wenn sie die vor Jahrhunderten aufgegebenen, aber immer noch sichtbaren Wurten mit Baggern Schicht für Schicht abtragen lassen, dann stoßen sie nur noch auf Hausgrundrisse. Oder um ganz genau zu sein: Sie finden noch Löcher, die regelmäßig in den Boden eingelassen sind. Es sind die Pfostenlöcher der Häuser, die den Archäologen Auskunft über Bauphasen, Grundrisse und Funktionen der Gebäude geben. Das tragende Gerippe der Häuser waren schwere Holzpfosten, die tief in die Erde eingegraben sind. Die Wände bestanden vermutlich aus Flechtwerk, das mit Lehm bestrichen wurde. Die Häuser in Pfostenbauweise gab es dort, seit die Menschen um 2500 v. Chr. angefangen hatten, Landwirtschaft zu betreiben. Die Häuser um 12 v. Chr. waren 10 bis 20 Meter lang und 4,50 bis 6,50 Meter breit. Im Inneren teilten Trennwände das Haus in Wohn-, Lager- und Stallbereich auf. Daneben wurden auch kleine Grubenhäuser errichtet, in denen Männer und Frauen handwerklichen Arbeiten wie Weben, Schmieden oder Schnitzen nachgingen.

Weil die Flächen für Ackerbau fehlten oder die Böden aufgrund gelegentlicher Überflutungen salzig waren, wurde an den Küsten mehr Vieh gehalten: vor allem Rinder, aber auch Schafe, Ziegen und Schweine. Warum lagen die Tierställe in den Bauernhäusern? Das war vor allem im Winter wichtig: Die Tiere wärmten nämlich das Hausinnere. Weiter im Landesinneren war es andersherum: Dort stand mehr Ackerfläche zur Verfügung, also wurde weniger Vieh gehalten.

Die Archäologen konnten eine Germanen-Siedlung an der Ems beim heutigen Meppen freilegen, an der Drusus mit seinen Truppen 12 v.Chr. vorbeigefahren sein kann. Die Siedlung bestand nur aus drei Höfen, die jeweils von einem Zaun umgrenzt wurden. Das Hauptgebäude war ein Bauernhaus in Pfostenbauweise, das von kleinen Grubenhäusern umgeben war: Werkstätten und Speicher. Doch auch hier tauchten Probleme auf, aber nicht das Wasser, sondern der Boden machte den Bauern zu schaffen. Anders als in Mitteldeutschland mit seinen fruchtbaren Lössböden bestehen weite Gebiete Nord- und Ostdeutschlands aus sandigen Böden mit einer nur dünnen Humuskrume. Die Germanen verwendeten einen einfachen Holzpflug, der den Boden nur aufriss, Wind und Regenwasser konnten die fruchtbare Erde schnell abtragen. Um das zu verhindern, hatten die Bauern im Emsland ihre rechteckigen Felder mit Stein- oder Erdwällen umgrenzt. Was wurde angebaut? Neben Bohnen, Erbsen und Linsen vor allem Getreide wie Emmer, Gerste, Hirse, Roggen und Hafer. Daraus wurden die Hauptnahrungsmittel hergestellt: Tagein, tagaus gab es Haferbrei und hartgebackenes Brot, ergänzt durch Beeren und andere Früchte aus der umliegenden freien Natur.

Auch in Ostdeutschland haben die Archäologen seit der Wiedervereinigung eine größere Anzahl an Bauernhöfen und Dörfern aus der Germanenzeit freigelegt. Hier bestanden die Höfe ebenfalls aus Langhäusern mit dazugehörigen Grubenhäusern als Werkstätten und Lager. Es gab regionale Unterschiede in der Bauweise – insgesamt jedoch waren die Langhäuser in den Siedlungen ungefähr gleich groß, es gab also keine extragroßen Herrensitze. Die Germanen lebten bis zu dieser Zeit offensichtlich als Gleiche unter Gleichen. Was die Archäologen nicht nachvollziehen können, sind die Beschreibungen der Landschaft von römischen Autoren wie Tacitus. Immer wieder berichteten sie nur vom »Land der Wälder und widrigen Sümpfe«. Doch tatsächlich wurde Germanien schon zu dieser Zeit seit mehr als 2500 Jahren von Bauern besiedelt und beackert.

Doch zurück zu den Germanen der Küste – den Chauken und den Friesen. Sie lebten auf Bauernhöfen und in kleinen Dörfern weit verstreut – sie hatten keine Zeit, sich zu sammeln. Drusus überwand zunächst im Westen die Friesen, die von der Übermacht der Römer überrascht wurden und sich schnell ergaben. Drusus schloss mit ihnen ein Abkommen, das Heer konnte weiter die Ems stromaufwärts fahren und ins Land der Chauken einfallen. Nur weil der Winter vor der Tür stand, zogen sich die Römer wieder an den Rhein zurück. Über den Verlauf dieses Feldzuges sind wir ganz allein auf die Schilderungen in den antiken Texten angewiesen – mit all ihren Ungenauigkeiten. Ganz anders sieht es bei der zweiten Expedition des Drusus aus. Hier kommen die Archäologen voll auf ihre Kosten.

Immer die Lippe lang

Die Geschichte des zweiten Feldzugs von Drusus ist schnell erzählt: Er setzte mit seinen Truppen über den Rhein und unterwarf die Usipeter, die nördlich der Lippe lebten. Dann überquerten die Römer die Lippe und zogen verwüstend durch die Gebiete der Sugambrer. Südlich der Lippe marschierten die Truppen weiter Richtung Osten bis zur Weser ins Land der

Cherusker. Im Spätherbst kehrten sie nicht zurück an den Rhein, sondern bauten an der Lippe ein Lager aus und überwinterten dort.

Im Laufe der letzten 100 Jahre haben die Archäologen mehrere Römerlager entlang der Lippe gefunden, die sich wie Perlen auf einer Schnur aufreihen. Im Abstand von jeweils 20 bis 40 Kilometern liegen: Holsterhausen, Haltern, Oberaden, Anreppen. Allerdings heißt das noch nicht, dass diese Lager alle zur gleichen Zeit bestanden und dass sie alle die gleiche Funktion hatten. In Holsterhausen (bei Dorsten) hatten die Römer reine Marschlager errichtet, die jeweils nur für kurze Übernachtungen angelegt worden waren (mehr zu den Marschlagern später). Hier konnten die Archäologen Spuren von sieben verschiedenen Marschlagern im Boden ausfindig machen. Sie existierten in der Zeit von 11 v. bis 15 n. Chr. Dagegen waren die anderen Lager sogenannte »Holz-Erde-Lager«. Das heißt, sie wurden nicht nur mit Gräben und einem Wall umgeben, sondern im Inneren wurden Häuser aus Holz und Lehm gebaut. Solch ein Lager errichtet man nicht einfach nur für ein Wochenende.

Moment mal – wie finden die Archäologen nach 2000 Jahren römische Militärlager und wie erforschen sie diese? Das hängt ganz davon ab: Suchen sie nach einer bestimmten Stätte oder stoßen sie zufällig darauf? Zufällig stoßen sie auf archäologische Funde beim Bau einer Straße oder beim Ausheben einer Baugrube. Im Fall Oberaden suchten die Forscher nach einem ganz bestimmten Römerlager, das in antiken Texten beschrieben wird. Der Historiker Cassius Dio erwähnt das Lager an der Einmüdung des Flusses Elison. Seit Ende des 19. Jahrhunderts vermuteten Heimatforscher, mit Elison sei die heutige Seseke gemeint, die zwischen Lünen und Bergkamen in die Lippe mündet.

Als Nächstes stellt sich den Archäologen dann die Frage: Wo genau sollten sie suchen? In unsicherer Umgebung bauten die Menschen nicht einfach Lager oder Siedlungen irgendwo in die Landschaft, sondern stets geschützt – beispielsweise auf Anhöhen. Und direkt am Wasser baute man erst, wenn man sich sehr sicher vor Piraten und anderen Angreifern fühlte. Also war es wahrscheinlich, dass die Römer ihr Lager nicht direkt

an der Lippe, sondern auf einem Hügel angelegt hatten. Nur
so konnten es die Archäologen überhaupt finden, das heißt, in
diesem Fall war es ein Heimatforscher. Der Pfarrer Otto Prein
entdeckte 1905 erste Spuren des Lagers in Lünen drei Kilometer südlich der Lippe auf einer Anhöhe, die von den Einheimischen »Burghügel« genannt wurde.

Das ganze 20. Jahrhundert hindurch wurde hier immer
wieder gegraben. Nach und nach wurde die ganze Größe dieses Lagers deutlich: Es wurde in der Form eines Vielecks erbaut,
das den Rändern der Anhöhe folgte. So erreichte es die Ausmaße von rund 860 x 700 Metern – das sind 73 Fußballfelder.
Das Römerlager Oberaden war das größte Lager, das die Römer
je nördlich der Alpen errichtet haben.

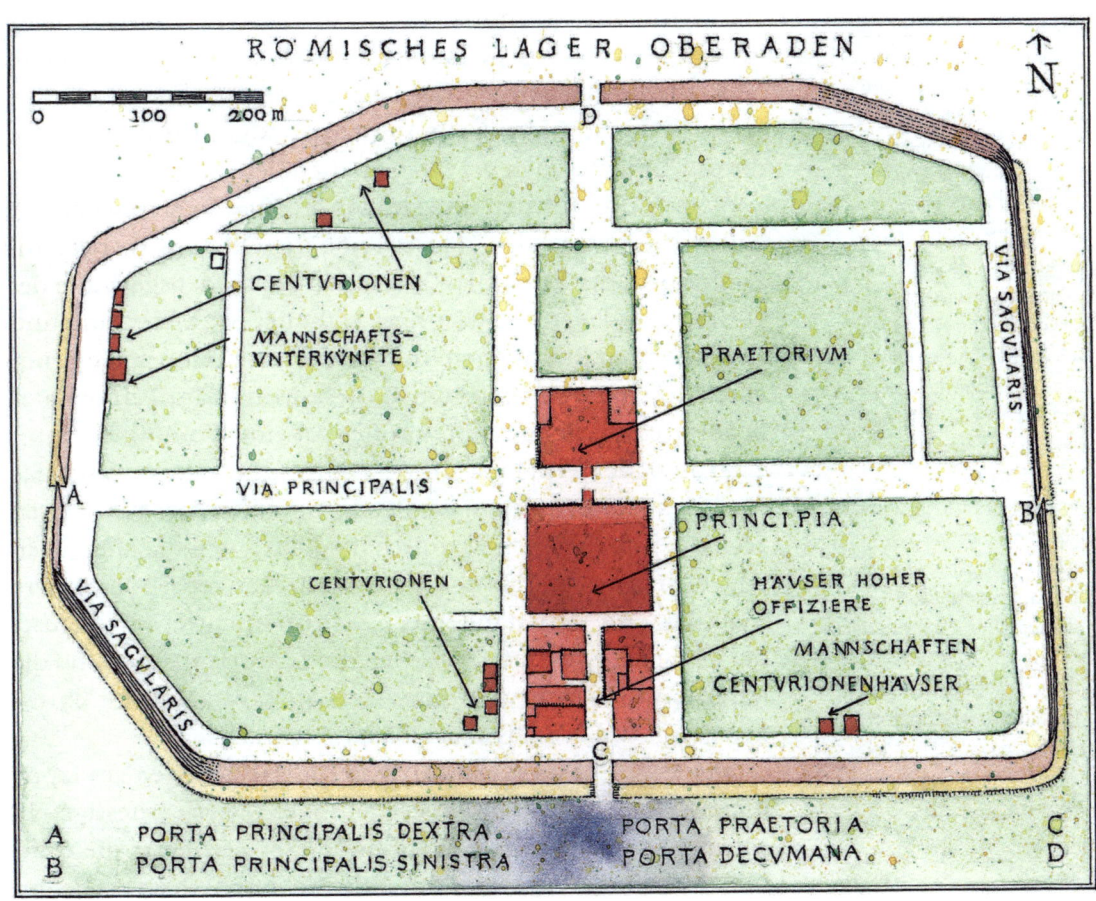

DENDROCHRO-NOLOGIE – DIE KUNST, AUS BAUM-RINGEN ZU LESEN

Die zuverlässigste Methode, um das Alter eines Holz-fundes zu bestimmen, ist heute die sogenannte Dendrochronologie: der Jahreskalender der Baum-ringe. Alle Bäume bilden beim Wachsen Jahr für Jahr gut voneinander unter-scheidbare Jahresringe. Die Dicke der einzelnen Ringe hängt von der Witterung und dem Standort des Baumes ab. Trockene Sommer und strenge Winter ergeben schmale Jahresringe – so lässt sich der heiße Sommer 1976 in sämtlichen Bäumen Süddeutschlands ablesen. Die Jahresringe werden im Labor exakt vermessen und in Jahresringkurven dargestellt: Je dicker der Jahresring, desto höher schlägt die Kurve aus. Die Kurven von Bäumen aus derselben Zeitperiode zeigen trotz kleiner Unterschiede ein unverwechselbares Muster. Die Jahreskurven von jüngeren und älteren Bäumen oder Holzfunden werden übereinandergelegt und nach identischen Anschlüssen abgesucht – so ergibt sich eine endlose Jahresringkurve. Für den norddeutschen Raum hat die Universität Göttingen eine bis 8000 v. Chr. zurück-reichende Baumring-Chrono-logie erstellt.

Aus einem Areal der Holz-Erde-Mauer an der nordwest-lichen Lagerfront zogen die Archäologen gleich mehrere gut erhaltene Eichenholzpfosten aus dem Boden. Die hatten die 2000 Jahre überstanden, weil der Boden hier sehr feucht war. In trockenem Boden wären sie längst verrottet. Solch ein Eichen-pfosten ist der Traum aller Archäologen – denn mit seiner Hil-fe lässt sich der Zeitpunkt des Bauwerks so gut bestimmen, als hätten die Erbauer dort einen Kalender hinterlassen.

Das Lager wurde im Spätsommer des Jahres 11 v. Chr. er-baut. In größter Eile entstand die Lagerumgrenzung, die Sol-daten hoben einen fünf Meter breiten und drei Meter tiefen Graben aus. Die Erde, die sie aus dem Boden schaufelten, schütteten sie zu einem drei Meter hohen Wall auf, der mit Holzpfosten abgestützt wurde. In den Wall wurden vier Tore eingelassen – eines führte in jede Himmelsrichtung. Obwohl alles schnell gehen musste, war das Lager im Inneren nicht etwa eine provisorische Zeltstadt. Nein, die Archäologen ent-deckten, dass hier eine richtige kleine Stadt aufgebaut worden war – in der strengen Ordnung rechteckiger Insulae (Inseln), die die Römer ja auch bei ihren Städten lieben.

Vom Südtor führten drei Straßen an öffentlichen Gebäuden, einer Taverne und den Häusern höherer Offiziere vorbei zum Zentralbau, der Principia. Es war das große Stabsgebäude der Offiziere und weiterer wichtiger Militärs: 103 Meter lang und 96 Meter breit. Im riesigen Innenhof führten Laubengänge um einen aufwendig angelegten Garten. Mitten im Feindesland benötigten die hohen Militärs offenbar eine Wohlfühloase.

Hinter der Principia, in der Mitte des Lagers, stand das Haus des Kommandeurs, das Praetorium. Von hier aus führten Straßen zu den vielen Mannschaftsquartieren, die alle gleich angeordnet waren. Hinter der Lagermauer verlief der innere Lagerweg. An ihm standen die Zenturienhäuser, die Häuser der einfachen Offiziere. Zwischen die Zenturienhäuser und die Kasernen der Mannschaften waren die sanitären Einrichtun-gen gelegt worden: Brunnen, Bäder, Latrinen.

Etwas weiter im Norden haben die Archäologen am Lippe-ufer auch den Hafen des Lagers gefunden: Er war befestigt, ein sogenanntes Uferkastell. Während dieser Zeit hatte die römi-sche Flussflotte vor allem die Aufgabe, Nachschub zu liefern.

Von Xanten aus müssen ständig Boote unterwegs gewesen sein, um das Lager mit Lebensmitteln und anderen Waren zu versorgen.

Die gewaltigen Ausmaße des Lagers beweisen eindeutig: Drusus wollte hier nicht nur überwintern, er hatte Großes vor! Südlich des Lagers begann das Gebiet der unbeugsamen Sugambrer, die den Römern in den vergangenen Jahrzehnten schon mehrfach das Leben schwer gemacht hatten. Drusus wollte sie offenbar in die Zange nehmen. Von Norden her aus dem Lager Oberaden, vom Westen her aus den Lagern in Xanten und Neuss. Das Ziel seines Unternehmens war es, die Sugambrer durch Angriffe und Verwüstungen so weit zu schwächen, dass man sie umsiedeln konnte. Die Römer hofften, diesen widerspenstigen Stamm in einer anderen Umgebung zähmen zu können.

Ob die Römer die Sugambrer im ersten Jahr nur schwächten oder schon mit ersten Zwangsumsiedlungen begannen, darüber gibt es verschiedene Angaben. Jedenfalls dauerte die Aktion bis 8 oder 7 v. Chr. – und wurde ein Erfolg, zumindest aus römischer Sicht. Drusus oder erst sein Nachfolger Tiberius siedelten die Sugambrer an den Niederrhein an – das ließen diese allerdings nur unter Zwang mit sich geschehen. 40 000 Sugambrer sollen es gewesen sein – eine kleine Völkerwanderung.

Auch hier stellt sich wieder die Frage, welches Ziel die Römer mit diesen Aktionen verfolgten: Wollten sie für Ruhe an ihren Grenzen sorgen? Oder sollte mit den Militärstützpunkten von Holsterhausen über Oberaden bis nach Anreppen die Errichtung einer Provinz Germania vorangetrieben werden? Zumindest wollten die Römer die Größe von »GERMANIA BARBARICA« genau erkunden. Im Westen, im Süden und im Norden kannten sie die Grenzen und Verbindungswege nun gut, aber sie wollten auch die östliche Grenze erkunden. Von einem mächtigen Strom dort hatten sie schon gehört – dem Albis, heute Elbe genannt.

AUF DER SUCHE NACH ALBIS

Seinen dritten großen Expeditionsfeldzug startete Drusus 9 v. Chr. von dem zweiten Aufmarschlager aus, das am Rhein errichtet worden war, aus Mogontiacum (Mainz) gegenüber der Mainmündung. Er soll durch die Gebiete der Chatten, Sueben und Cherusker gezogen und dabei auf heftigsten Widerstand gestoßen sein. Die genaue Marschroute kennen wir nicht – wir kennen nur das Ziel: der große Strom im Osten, Albis (Elbe). Auch ob er mit seinen Truppen zunächst den Main hinauffuhr oder weiter rheinabwärts und dann in die Lahn einbog, wissen wir nicht.

Bis vor einigen Jahren klagten die Archäologen: Kein einziges Marschlager haben wir von diesem Feldzug des Drusus gefunden. Doch das änderte sich ganz plötzlich im Jahr 2004. Rund zehn Kilometer südöstlich von Hannoversch Münden (bei Kassel) entdeckten die Archäologen ein Römerlager: Hedemünden. Hedemünden ist nicht einfach nur eines der vielen Lager, die die Archäologen aus der römischen Zeit fanden. Es ist das östlichste Römerlager, das bisher in Germanien überhaupt lokalisiert, und es war das einzige Lager, das bis dahin in Niedersachsen gefunden wurde.

Ganz unbekannt war diese Bergkuppe am Rande des Werratals den Heimatforschern nicht. Ihr noch heute erkennbarer Ringwall wurde »Hünenburg« genannt, und man vermutete hier eine germanische Fluchtburg. Doch den Landesarchäologen kamen immer häufiger Gerüchte zu Ohren, dass Raubgräber dort auf römische Metallfunde stießen: Münzen, Waffen

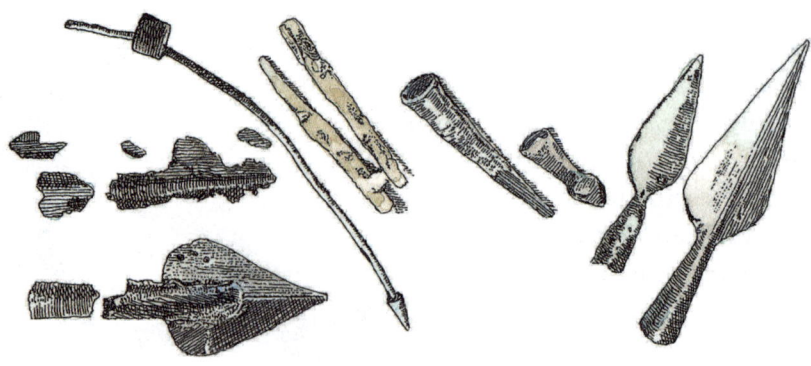

und Werkzeuge. Sie gingen der Sache nach, und schnell fanden sich die Kennzeichen eines Römerlagers: Die Grabenanlage wies eine rechteckige Form auf (320 Meter x 150 Meter). Alle Indizien deuteten darauf hin, dass hinter dem Graben eine Holz-Erde-Mauer errichtet worden war. Und in dieser Wallanlage fanden sich Spuren der typischen vier Tore.

Nun wurde die Suche intensiviert, und das Ergebnis war beeindruckend. Obwohl bereits Raubgräber hier tätig gewesen waren, bargen die Archäologen in den Grabungskampagnen von 2004 bis 2007 über 1300 Metallobjekte aus dem Boden: zahlreiche römische Eisenwaffen wie Speerspitzen, eiserne Zeltheringe, drei Silber- und zahlreiche Bronzemünzen – geprägt in den Jahren 16 bis 8 v. Chr. Und auch hier fanden sich Holzreste, die für eine Datierung geeignet waren. Keine Holzpfosten, die sich für eine Baumringchronik eigneten, aber genug organisches Material für eine C14-Messung. Das Ergebnis: Die Funde stammen aus der Zeit des Augustus.

Damit war eindeutig bewiesen: Drusus hatte mit seinem Heer einen nordöstlichen Kurs eingeschlagen. Von dort waren es nur noch rund 150 Kilometer Luftlinie bis zur Elbe. Man nimmt heute an, dass er mit seinen Truppen weiter nach Südniedersachsen marschierte, den Harz umging und dann endlich auf den gewaltigen Strom stieß, der mit keinem anderen Fluss im nordöstlichen Germanien verwechselt werden konnte.

Auf ihren Expeditionszügen sind Drusus' Truppen etlichen Stämmen begegnet: Friesen, Chauken, Usipetern, Sugambrern, Chatten, Cheruskern, Marsern, Hermunduren – und sie alle gehörten zu den Germanen. Moment mal – was heißt denn eigentlich »die Germanen«? Viel wird über

C14-DATIERUNG

Die C14- oder Radiocarbon-Methode wird auch Atomkalender genannt. Mit ihr lässt sich das Alter von historischen Materialien messen – allerdings nur von organischen Stoffen, also Pflanzen oder anderen Lebewesen. Denn in diesem organischen Material sammelt sich Kohlenstoff (C) an, neben dem normalen C12 auch das radioaktive C14. Das radioaktive Kohlenstoffisotop C14 wird durch kosmische Strahlung in der Luft gebildet: Es entsteht ständig dort in der Atmosphäre, wo kosmische Teilchen mit Stickstoffatomen zusammenstoßen. Das C14-Isotop bindet sich sofort mit Sauerstoff zu Kohlendioxid. Dieses CO_2 wird von den Pflanzen aufgenommen und in ihre Zellen eingebaut. Die Pflanzen werden von Tieren und diese wiederum von anderen Tieren und zuletzt vom Menschen verspeist. Das C14 zerfällt im Organismus, der Zerfall des Kohlenstoffisotops setzt radioaktive Strahlung frei – im lebenden menschlichen Körper etwa geschieht das pro Sekunde rund 16000-mal. Doch da der Organismus durch Nahrung und Atmung ständig neues C14 aufnimmt, bleibt der Anteil an C14 immer gleich. Das ändert sich erst mit dem Tod, wenn kein neues C14 mehr in den Körper gelangt.

Nun beginnt die Radiocarbon-Uhr zu ticken, das im Körper gebundene C14 zerfällt und wird immer weniger. Nach 5730 Jahren ist nur noch die halbe Menge übrig. Nimmt man ein Gramm Kohlenstoff eines gerade abgestorbenen Organismus, kommt es zu rund 16 Strahlungsimpulsen pro Minute: Ist die Probe 22 000 Jahre alt, strahlt sie nur noch einmal pro Minute. Nach 40 000 Jahren schließlich wird die Konzentration zu gering, um sie und damit das Alter des Fundes noch zuverlässig bestimmen zu können.

STEIN-, BRONZE- UND EISENZEIT

Zu Beginn des 19. Jahrhunderts sichteten die Archäologen die Funde, die sie bis dahin gemacht hatten (vor allem aus Gräbern): Faustkeile, Messer und Schwerter, Gürtelschnallen, Sicheln, noch mehr Faustkeile, Axtscheiden, Pflüge und steinerne Pfeilspitzen. Sie unterteilten die Epochen einfach nach den Materialien, aus denen die Funde bestanden:
Die Steinzeit reicht von den ersten Frühmenschen (Hominiden) mit Steinwerkzeugen vor ca. 2,5 Millionen Jahren bis in die Zeit vor ca. 5000 Jahren. Steinzeit – ca. 2,5 Mio. bis 3000 v. Chr.
Dann lernten die Menschen, mit Metallen so gut umzugehen, dass sie die ersten Werkzeuge und Waffen aus Bronze herstellen konnten. Die Bronzezeit ist je nach Region unterschiedlich datiert. Naher Osten: ca. 3000 bis 1000 v. Chr; Westeuropa: ca. 2500 bis 800 v. Chr.
Die Eisenzeit schließlich breitete sich um 800 v. Chr. von Norditalien (den Etruskern) Richtung Nordeuropa aus und hält im Prinzip bis heute an.
Auch die Eisenzeit ist je nach Region unterschiedlich datiert. Naher Osten: seit ca. 1000 v. Chr.; Westeuropa: seit ca. 800 v. Chr.

die »alten Germanen« geredet und noch mehr geschrieben. Einige Hobbyarchäologen und Fanatiker behaupten sogar, die Germanen hätten bereits in fernster Vergangenheit eine nordische Hochkultur entwickelt. Zumindest jedoch sollen die Germanen unser großes Ahnenvolk gewesen sein. Auch hier gilt wieder: Alles, was wir heute über die Germanen vor der Zeitenwende wissen, haben wir aus den Berichten griechischer und römischer Autoren.

Als Land wurde Germanien von den Griechen entdeckt. Griechische Entdecker und Händler stießen zwischen 300 und 200 v. Chr. in die Nordsee vor – auf der Suche nach dem begehrten Bernstein. Aus dieser Zeit stammt auch die berühmte Weltkarte des Eratosthenes, in der Germanien eingezeichnet ist. (Aber über antike Karten werden wir noch fachsimpeln.) »Germanen« als Begriff für das Volk wurde jedoch erst von Caesar eingeführt.

Können die Archäologen das bestätigen? Wie lebten die Menschen in Norddeutschland in den Jahrhunderten vor der Zeitenwende? Bis heute haben die Archäologen nur wenige Siedlungen aus dieser Zeit entdeckt und erforscht – es gibt mehr Funde aus der älteren Bronzezeit. Doch es gibt auch Orte, die von der Bronze- bis in die römische Eisenzeit, also um

Christi Geburt, hinein weiterexistierten. Das sind neben einigen Opferplätzen vor allem Gräberfelder – wie beispielsweise das von Lanz in Brandenburg.

Das Urnenfeld von Lanz liegt in der Nähe einer Siedlung und wurde über ein Jahrtausend lang genutzt. Und immer lief es gleich ab: Eine einfache Kuhle diente als Verbrennungsplatz. Begleitet von den uns nicht überlieferten Begräbnisritualen wurden dort die Leichen verbrannt. Übrig blieben Asche, Knochen und metallene Teile der Kleidung des Verstorbenen. Waren die Überreste abgekühlt, wurden sie von den Angehörigen eingesammelt und in ein Urnengefäß gefüllt. Diese Urne wurde später unter einem kleinen Erdhügel beigesetzt, der mit Steinen oder einer Holzstele gekennzeichnet war. Familien oder Clans hatten auf dem Gräberfeld ihr eigenes Areal, wo nur Angehörige bestattet wurden.

Wichtig für die Archäologen sind die Urnen, denn sie wurden seit dem 6. Jahrhundert v. Chr. in einer gleich bleibenden Form hergestellt: Es sind handgefertigte, unverzierte Keramiken in Form von bauchigen Gefäßen mit breitem Hals und Kragen. Nach der ersten Fundstelle solcher Keramik wurde die zugehörige Kultur »Jastorf-Kultur« genannt. Diese Jastorf-Gefäße wurden sowohl im Haushalt wie auch als Urnen bei Bestattungen genutzt. Und besonders der Inhalt dieser Urnen ist für die Archäologen interessant: Denn neben Knochen und Asche enthalten sie auch Schmuck aus Eisen und Bronze: sogenannte Segelohrringe, Gürtelhaken und Gewandnadeln – Überbleibsel der Trachten nach dem Einäschern. Die Gürtelhaken waren zunächst schmal, ihre Endbeschläge wurden im Laufe der Zeit zu breiten Platten geformt.

NICHT GERMANEN, SONDERN JASTORFER?

Haben wir in dieser »Jastorf-Kultur« die ersten archäologisch fassbaren Germanen vor uns, die in Norddeutschland siedelten? Einige Zeit glaubten das etliche Historiker und Archäologen, doch inzwischen wurde dieses Bild wieder korrigiert: Wie vorher schon der Germanenbegriff wurde hier der Begriff »Jastorf-Kultur« über die archäologischen Befunde hinaus erweitert. Nachweisen lassen sich so nur Gemeinsamkeiten in der Kleidung, bei Schmuck, Waffen und Gefäßen sowie in der Begräbnisform. Immerhin können sich die Wissenschaftler darauf einigen, dass die germanischen Volksgruppen seit dem 2. Jahrhundert v. Chr. einige regional übergreifende Gemeinsamkeiten hatten: Sprache, Sozialordnung und Kultur.

Bis zu dieser Zeit hatte sich das Germanische als eigenständige Sprache von den anderen indoeuropäischen Sprachen abgesetzt. Die Germanen gliederten ihre Gemeinschaften in Sklaven und Freie, und sie wählten ihre Stammesführer. Sie trafen sich an gemeinsamen Opferplätzen und verehrten alle die gleiche Götterwelt, die vom Schöpfergott Mannus regiert wurde. Die Germanen selbst fühlten sich nicht als Germanen. Wenn ein unabhängiger Reporter durch dieses feindselige Land gereist wäre und die Menschen gefragt hätte: »Wer seid ihr eigentlich?«, dann hätten sie nicht geantwortet: »Wir mögen unsere Nachbarn zwar nicht sehr. Aber eigentlich sind wir alle Germanen!« Nein, sie sahen sich als Angehörige ihrer Sippe und ihres Stammes. Die Angehörigen einer Sippe waren miteinander verwandt, aber in einen Stamm wurden auch Fremde, manchmal sogar ganze fremde Sippen aufgenommen. Aus Sugambrern konnten Cherusker und umgekehrt werden, die Stämme sind also kein absolut zuverlässiges Merkmal, aber es gibt für diese Zeit keine besseren.

Und wenn es Streitigkeiten gab, dann sammelte ein erfahrener Führer kampftüchtige Männer hinter sich – alle, die sich, aus welchen Gründen auch immer, dazugehörig fühlten. Und solche Streitigkeiten hatte es häufiger gegeben, als die Römer durch die germanischen Siedlungsgebiete zogen. Nicht überall wurden die römischen Truppen mit so wenig Gegenwehr empfangen wie an der Nordseeküste.

EIN KLEINER STURZ MIT GROSSEN FOLGEN

Drusus hat wahrscheinlich viele Stammesverbände zerschlagen und ihre Kampfeinheiten geschwächt. Denn schon nach den ersten beiden Feldzügen wurde er in Rom mit den »ORNAMENTA TRIUMPHALIA«, den Triumphabzeichen, geehrt –

die höchste Ehre für einen Feldherrn. Als Drusus 9 v. Chr. mit seinen Truppen die Elbe erreichte, ließ er dort ein Siegesmal errichten. Wir können uns also gut vorstellen, dass die Hermunduren ihn und sein Heer nicht gerade freundlich empfangen haben. Vielleicht zog sich Drusus bei einer Konfrontation eine Verletzung zu, wahrscheinlicher ist, dass er auf dem Rückweg vom Pferd stürzte. Jedenfalls wurde er krank, auf der Rückreise verschlechterte sich sein Zustand dramatisch und er starb.

Da es damals noch keine Antibiotika gab, konnten selbst kleinere Verletzungen zu schweren Entzündungen führen, an denen die Menschen dann starben. In den römischen Geschichtsbüchern liest sich das alles natürlich viel aufregender: Tiberius erfährt vom Todeskampf des Bruders. Er setzt zu einem dramatischen Eilritt nach Germanien an. Tatsächlich erreicht er Drusus noch lebend, der kurz darauf in den Armen seines Bruders stirbt. Tiberius begleitet den Leichnam nach Rom, wo er mit großen Feierlichkeiten im Mausoleum des Augustus beigesetzt wird. Im Jahr darauf kehrt Tiberius, begleitet von Augustus, nach Germanien zurück. Und nun übernimmt Tiberius die Aufgabe, die Germanen weiter zu »befrieden«. Innerhalb kurzer Zeit kann er zahlreiche Verträge mit den Germanen schließen. Besonders der Historiker Velleius Paterculus lobt Tiberius als einen Feldherrn, der »als Sieger« durch ganz Germanien zog »ohne jeden Verlust des ihm anvertrauten Heeres«. Germanien hatte er so vollständig bezwungen, »dass er es beinahe zu einer tributpflichtigen Provinz machte« – ja, aber nur »beinahe«.

Das Vorgehen der Römer in Germanien erweckt überhaupt den Eindruck, dass sie nach einem Plan gehandelt hätten. Sonst wäre Tiberius auch

TIBERIVS

sicherlich nicht schon so bald wieder aus Germanien abgezogen. Und nun erst zeigte sich, dass Drusus mit seinen Feldzügen und seinem drastischen Vorgehen viele Wunden gerissen hatte: Teile der Stämme der Cherusker und Hermunduren, die aus ihrer Heimat vertrieben worden waren, irrten durch Germanien und wurden immer wieder in Kämpfe mit den Ortsansässigen verwickelt.

Die Zwangsumsiedlung der Sugambrer dagegen war erfolgreich abgeschlossen worden, das gewaltige Lager Oberaden wurde deshalb überflüssig. Es wurde aufgegeben. Auch das machten die Römer gründlich: Die Wälle wurden Meter für Meter wieder eingerissen und mit ihrem Material die Gräben zugeschüttet. Dann wurden die Häuser niedergebrannt und die Brunnen mit Tierkadavern und Fäkalien vergiftet. Aber so verhält man sich nicht, wenn man ein Gebiet gerade zur eigenen Provinz erklärt hat. So verhält man sich, wenn man dem Gegner auch nicht den kleinsten Nutzen überlassen will. So verhält man sich im Feindesland!

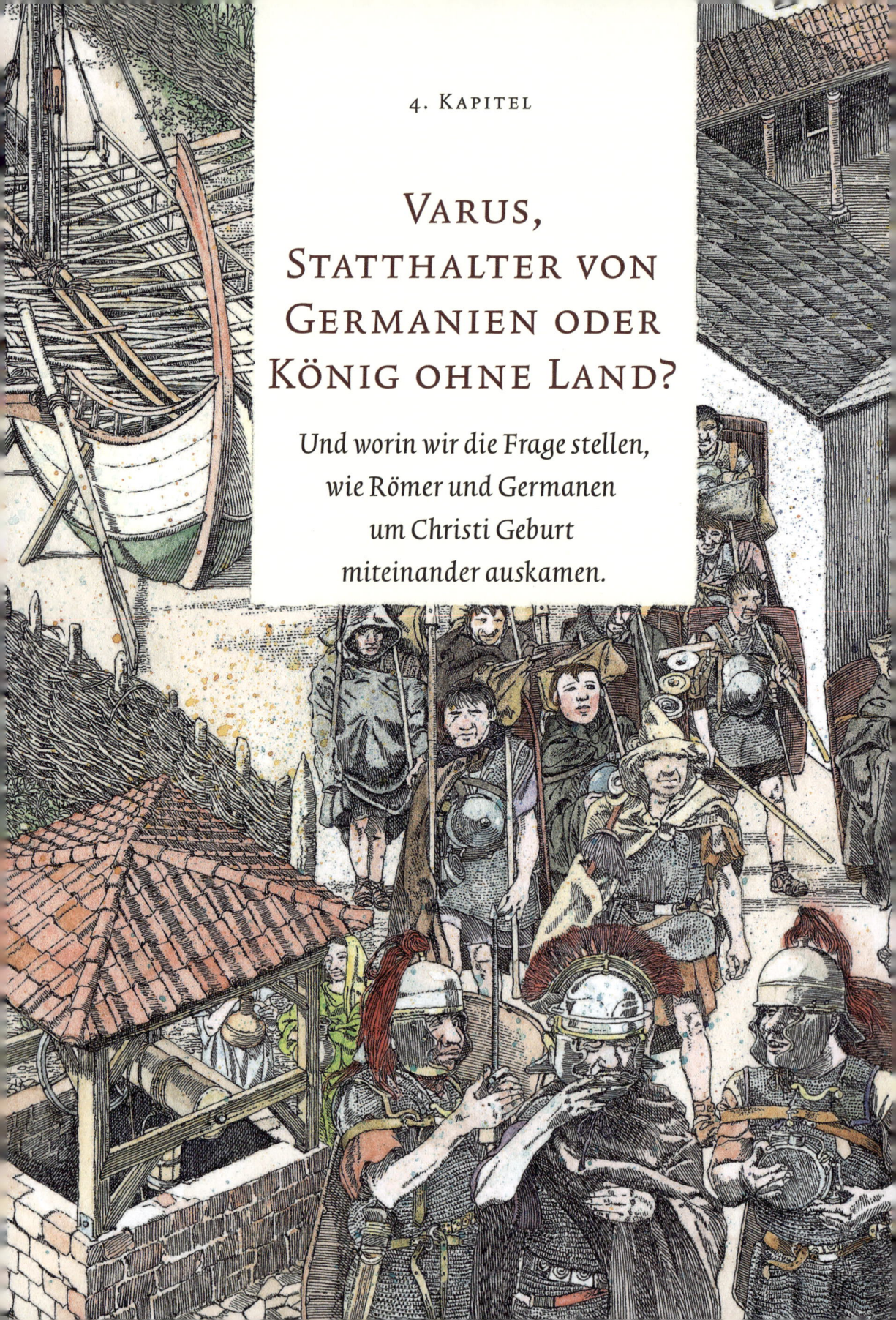

4. Kapitel

Varus, Statthalter von Germanien oder König ohne Land?

Und worin wir die Frage stellen,
wie Römer und Germanen
um Christi Geburt
miteinander auskamen.

MVNZE DES VARVS

Nachdem Tiberius abgezogen war, um in Pannonien und Dalmatien, beides waren römische Provinzen auf dem Balkan, für Ordnung zu sorgen, blieb es für einige Jahre relativ ruhig in Germanien. Nur Lucius Domitius Ahenobarbus, der Statthalter in Illyricum war, machte von sich reden. Er brach zu einem Feldzug in Richtung Elbe auf, überschritt den Fluss und schloss mit den dort lebenden »Barbaren« einen Freundschaftsvertrag. Außerdem nahm er sich der umherirrenden Hermunduren an, die er im Gebiet der Markomannen im heutigen Böhmen ansiedelte. Das jedoch führte dazu, dass wiederum die Markomannen ihr Bündnis mit den Römern lösten und einen Aufstand begannen.

Ob diese Ereignisse die Auslöser sind oder nur mit dazu beitrugen, wissen wir nicht – jedenfalls kommt es in den Jahren 1 bis 4 n. Chr. wieder zu massiven Aufständen unter den Germanen. Der neue Kommandeur von Germanien, Marcus Vinicius, kann sich nur mit Mühe gegen die überall rebellierenden Germanen behaupten. Deshalb will der Jubel der römischen Soldaten kein Ende nehmen, als im Jahr 4. n. Chr. Tiberius nach Germanien zurückkehrt. Als Erstes sucht sich Tiberius eine neue Basis für seine Aktivitäten in Germanien aus – die Archäologen gehen davon aus, dass er das Römerlager in Haltern (Kreis Recklinghausen) für seine Zwecke ausbauen ließ.

»Römerlager Haltern« benutzen die Archäologen als Sammel-
begriff für all die Anlagen rund um das heutige Haltern am
See. Denn im Laufe der letzten 100 Jahre haben die Archäologen dort sechs verschiedene Bauwerke aus der römischen Zeit
gefunden und untersucht. Den Anfang machte ein Lager auf
dem Annaberg, einer fast dreieckigen Anhöhe – rund 500 Meter von der Lippe entfernt. Bereits Mitte des 19. Jahrhunderts
hatten Heimatforscher die ersten Spuren entdeckt, ab 1899
legten dort Archäologen die Umwehrung eines etwa zehn
Fußballfelder großen Lagers frei.

Auch das weiter nordöstlich gelegene Hauptlager wurde
auf einer Anhöhe errichtet, heute Silberberg genannt. Jetzt
steht das Römermuseum Haltern genau an dieser Stelle. Mit
einer Ausdehnung von etwa 30 Fußballfeldern war das Hauptlager zwar kleiner als das Lager von Oberaden, doch das Innere
wurde sehr dicht bebaut: Im nördlichen Bereich des Lagers waren die Kasernen der einfachen Soldaten dicht an dicht errichtet, im südlichen Teil führte die breite Paradestraße, die VIA
PRINCIPALIS, zur Principia, dem zentralen Stabsgebäude. Hier
ließ Tiberius seine Truppen antreten, bevor er mit ihnen ins
Feld zog.

Außerdem entdeckten die Archäologen am damaligen Ufer
der Lippe zwei römische Bauwerke, von denen das eine ein
Schiffslager war; die Funktion des anderen ist bisher unbekannt. Und sie fanden eine lange, kerzengerade Straße, die
Richtung Westen parallel zur Lippe vermutlich bis nach Xanten führte. Später stießen die Forscher sogar auf ein Gräberfeld
mit Hunderten von Grabsteinen, das sich einst entlang der Römerstraße erstreckte. Zwischen den einzelnen Lagern fanden
sich noch römische Heringe im Boden – Zeltnägel, mit denen
die Zelte am Boden festgemacht wurden: Es waren also Zelte
für zusätzliche Legionäre aufgestellt worden.

Das Lager in Haltern wurde also eindeutig und intensiv militärisch genutzt – trotzdem war es mehr als ein Militärlager.
Weil es in den Lagern viel zu viele Unterkünfte für hohe Offiziere oder Beamte gab, schlussfolgern die Archäologen, dass
hier nicht nur römische Truppen, sondern auch die Provinz-

verwaltung stationiert war. Und deshalb wäre es natürlich sehr schön, genau zu wissen, von wann bis wann Haltern als Lager genutzt wurde – was aber bislang nicht möglich ist.

Moment mal – Haltern gilt als eines der besterforschten Römerlager, aber wir wissen nicht, wann es erbaut wurde? Leider ist der Boden rund um Haltern am See sehr trocken, ganz Haltern ist wortwörtlich auf Sand gebaut. Dieser trockene Sandboden hat jedoch dafür gesorgt, dass keine organischen Stoffe, vor allem keine Hölzer, überdauert haben. Deshalb können die Archäologen keine direkte Zeitmessung mit der C14-Methode oder der Dendrochronologie vornehmen. Was können sie stattdessen tun? Sie können die freigelegten Grundrisse der Bauwerke und die Fundobjekte mit anderen Grabungsstellen vergleichen. Und zu finden gab es im Halterner Sandboden eine ganze Menge: Keramikgefäße wie Amphoren (schlanke Krüge), Töpfe, Schalen, aber auch Graburnen; Werkzeuge aus Metall wie Äxte, Hacken, Zangen, Ambosse, Handbohrer, Hämmer, Sägen; metallene Bauteile wie Wasserrohre, Zeltheringe, Lampen, Schlösser und Schlüssel. Und dann die Berge von Münzen – 2561 Kupfermünzen, 309 Silbermünzen und vier Goldmünzen wurden bisher geborgen.

Diese Münzen wollen wir uns genauer anschauen, denn Münzen eignen sich gut zur Datierung, auch für Ereignisse wie die Varusschlacht. Denn die Römer ließen regelmäßig neue Münzen prägen, meist mit dem Abbild des jeweiligen Herrschers oder eines beliebten Konsuls oder Feldherrn. Außerdem hinterließen die jeweiligen Spender häufig ihre Initialen auf den Münzen, die sie als Prämie an die Soldaten verteilten. Dieses Einritzen von Namensabkürzungen nennen die Forscher »gegenstempeln«. Unter den Münzen aus Haltern befinden sich auch einige, die mit »VAR« gegengestempelt sind. Die ersten archäologischen Spuren von dem Mann, dessen Name unheilvoll über dem ganzen Ereignis schwebt: Varus. Die Forscher überlegen nun: Welche Münzen tauchen besonders häufig auf? Welche Münzen tauchen noch gar nicht auf – weil sie noch gar nicht geprägt worden waren? Aus solchen Münzanalysen und Fundvergleichen ergibt sich: Haltern wurde in der Zeit zwischen 7 v. Chr. und dem Jahr 1 errichtet, vermutlich bald nach der Aufgabe des Lagers Oberaden. Auch das

Ende von Haltern lässt sich nicht genau bestimmen: Nach der Varusschlacht 9 n. Chr. wäre naheliegend, aber es kann auch 14/15 n. Chr. gewesen sein.

IM ZICKZACKKURS ZUR GERMANISCHEN PROVINZ?

Den Berichten antiker Geschichtsschreiber zufolge unternimmt Tiberius in den Jahren 4 bis 6 n. Chr. mehrere Feldzüge kreuz und quer durch Germanien. Vom IJsselmeer aus durchstreift er mit seinen Truppen in südöstlicher Richtung das heutige Münsterland bis zum Oberlauf der Lippe. Dann lassen sich die Truppen am Mittellauf der Weser an Land setzen und starten Suchwanderungen hoch zur Nordseeküste und nach Nordosten bis zur Elbe. Von der Nordsee aus erkunden sie mit ihren Schiffen einerseits die Küste vor Dänemark und folgen andererseits der Elbe stromaufwärts.

Sehen wir uns die Feldzüge von Drusus, Domitius Ahenobarbus und Tiberius genauer an: Diese wilden Zickzackkurse wirken wie die Bewegungen von Pionieren einer Ameisenkolonie auf Futtersuche. Wie man ein Gebiet trotz Widerstands systematisch von zwei Seiten aus erobert, das hatten Drusus und Tiberius doch gerade erst in Rätien gezeigt. Deshalb vermuten viele Historiker, dass es keinen Plan zur Eroberung Germaniens gab, die Feldherren handelten wohl auf eigene Faust. Sie wollten Ruhm und Auszeichnungen in Rom, vor allem aber auch Beute machen in den durchstreiften Gebieten. Ein Unterschied zwischen den Militärexpeditionen fällt jedoch auf: Tiberius ging weit umsichtiger vor als sein stürmischer Bruder Drusus. Vermutlich war er ein anderer Typ, denn Tiberius wird als ruhige, überlegte Person beschrieben. Er ging mit mehr Taktgefühl vor – jedenfalls gelingt es ihm, die Stämme unter Kontrolle zu bringen.

Moment mal – wie befriedeten die Römer eigentlich fremde Stämme und Völker? Hauptsächlich natürlich auf dem Schlachtfeld mit blanker Gewalt, aber die Römer versuchten es fast immer erst »auf die freundliche Art«. Zunächst schickten sie Boten mit Geschenken zu den Germanen. Wenn diese sich darauf einließen, wurde ein Freundschaftsvertrag ausgehan-

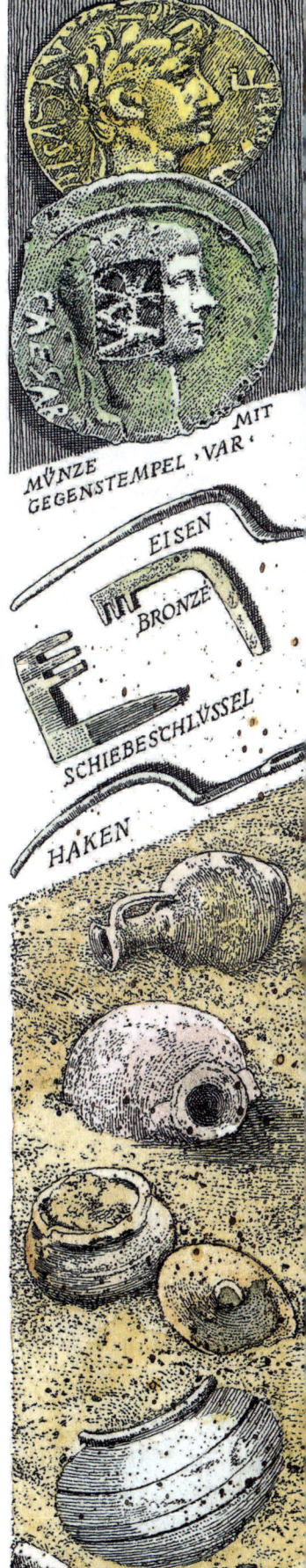

MÜNZE MIT GEGENSTEMPEL ›VAR‹

EISEN
BRONZE
SCHIEBESCHLÜSSEL

HAKEN

delt. Darin mussten die Germanen natürlich die Römer als die überlegene und rechtmäßige Macht akzeptieren. Doch ein Freundschaftsvertrag konnte viele weitere Geschenke für die Anführer und ihre Familien mit sich bringen. Germanische Männer liebten Schmuck, aufwendige Kleidung und prächtige Waffen. Außerdem verteidigten die Römer ihre politischen Partner gegen Rivalen und Feinde. Um den Freundschaftsvertrag zu besiegeln, kam es häufig auch zu einem dramatischen Ritual: Kleinkinder, möglichst Söhne der Anführer, wurden den Römern als Geisel übergeben. Eine solche Übergabe ist auf einer römischen Münze abgebildet.

Auf diese Art wurden die Friesen und Bataver an der Nordseeküste zu verlässlichen Bündnispartnern. Die Usipeter und Brukterer am Niederrhein mussten mehrfach besiegt werden, bis sie sich ruhig verhielten. Von ganz anderem Kaliber waren die widerspenstigen Sugambrer, von denen wir schon gehört haben. Solche Stämme wurden endgültig als »Feind« abgestempelt: Sie wurden besiegt, unterdrückt, umgesiedelt oder gar versklavt. In den Jahren 4 bis 6 n. Chr. konzentrierte sich Tiberius auf die Chatten und die Cherusker, die hauptsächlich an der Weser lebten.

Um in dieser Region gut operieren zu können, ließ er ein eigenes Basislager einrichten: Anreppen. Die Überreste des Lagers haben die Archäologen intensiv erforscht. Das Lager war etwas größer als das rund 100 Kilometer entfernte Hauptlager in Haltern, lag direkt am Ufer der Lippe und war nach Osten ausgerichtet. Bei gutem Wetter kann man von hier den Teutoburger Wald sehen. Der Lagergrundriss verriet den Archäologen zwei wichtige Fakten: Es gab ein großes Kommandozentrum, hier residierte in den Sommermonaten Tiberius. Und das Lager verfügte über außergewöhnlich viele Speicherbauten, Anreppen war also das Nachschublager für die Truppen, die Richtung Osten ins Cheruskerland vordrangen. Die Auswertung der Funde dauert noch an, und deshalb bleibt die Frage offen, ob das Lager 5/6 n. Chr. aufgegeben wurde oder ob es auch Tiberius' Nachfolger Varus als Sommerlager diente.

Ein römisches Forum in Hessen

In den 1990er-Jahren fanden Archäologen auf einem Plateau im hessischen Lahntal römische und germanische Keramik. Ein weiteres Militärlager, dachten sie zunächst. Doch Waldgirmes – so wird dieser Ort nun genannt, weil er nahe der Kleinstadt Waldgirmes liegt – entpuppte sich als etwas anderes, denn mitten im Ort entdeckten die Archäologen den Grundriss eines Forums – aus Stein gebaut. Solch einen zentralen Platz, der von Säulengängen und einer Festhalle umrandet wird, errichteten die Römer nur in ihren Städten. Nicht nur das Forum, auch andere Häuser waren aus Stein errichtet worden und dienten offensichtlich nicht dem Militär, sondern dem Handel, denn es gab viele Lagerräume. Glück hatten die Archäologen auch bei der Datierung, sie fanden einen Brunnen mit Holzverkleidung – die Bäume dazu wurden im Winter 4 v. Chr. gefällt. Eine Brandschicht zeigt auch das Ende dieser Stadt: Nach der Niederlage des Varus wurde sie niedergebrannt. Dass die Römer viele Bauwerke aus Stein errichtet hatten, zeigt jedoch, dass sie eigentlich länger bleiben wollten. Ein steinerner Beweis für die Absicht, Germanien zur römischen Provinz zu machen? Darüber streiten Archäologen und Historiker noch.

Tiberius' Mühen hatten offenbar Erfolg. Nachdem er die Cherusker mehrfach besiegt und ihre Ländereien verwüstet hatte, konnte er sie zu Bündnispartnern machen – zumindest einen Teil von ihnen. Denn die Cherusker spalteten sich, unter der Führung von Segestes wurde ein Teil des Stammes friedlich und ließ sich wieder an der Weser ansiedeln, während der andere Teil der Cherusker, aus seinen Heimatsiedlungen vertrieben, angriffslustig umherirrte.

Für die Römer wurde Germanien ein zweigeteiltes Land. Es gab Gegenden, in die sich die Römer nur in Legionsstärke trauen konnten. Gleichzeitig entwickelte sich rund um die römischen Lager ein friedliches Nebeneinander. Der antike Geschichtsschreiber Cassius Dio berichtet: »Ihre Truppen überwinterten (in GERMANIA MAGNA) und legten Städte an, und die Germanen wurden zur römischen Ordnung erzogen. Sie gewöhnten sich an ihre Märkte und hatten friedliche Zusammenkünfte.« Mit »Städten« sind Orte wie Waldgirmes gemeint. Erst in den 1990er-Jahren wurde diese Römerstätte in Hessen entdeckt und seitdem erforscht – sie entpuppte sich als eine Art Handelsmission mitten im germanischen Feindesland. Mit »Märkten« sind Orte wie Haltern gemeint, davon sind die Archäologen mittlerweile überzeugt. Das Hauptlager wurde nach 5 n. Chr. erweitert: An der Nordost-Seite wurde die Außenmauer um 80 Meter weiter nach außen versetzt. In diesem Erweiterungsteil wurden keine Kasernen gebaut, sondern Gebäude für die Verwaltungsbeamten der Provinz sowie neue Werkstätten. Dort wurde unter anderem Keramik produziert. Und zwar viel mehr, als das Lager für den eigenen Bedarf benötigt hätte. Keramik aus Haltern fanden Archäologen an vielen anderen Ausgrabungsstätten bis Mainz.

Was erhielten die Römer für ihre Waren, für Keramik, Schmuck und Waffen? Die Germanen boten ihnen im Gegenzug Felle, Bernstein und große Brocken Eisenerz, die sie aus den Mooren holten. Noch ein weiteres begehrtes Handelsgut findet sich in größeren Mengen in Haltern: Blei. Ist das einer der Gründe dafür, warum die Römer trotz der Schwierigkeiten mit den Sugambrern und Cheruskern unbedingt an der Lippe Fuß fassen wollten: Blei aus Germanien? Das Blei stammt größtenteils aus Bergwerken, die im südlich von Haltern gelegenen Sauerland liegen. Als die Römer die Sugambrer umsiedelten, wollten sie da wirklich nur die Unruhestifter ruhigstellen, oder suchten sie vor allem einen freien Zugang zu den Bleivorkommen? Denn kaum waren die Sugambrer aus dem Weg, wurde das begehrte Metall aus der Erde geholt. Noch heute zeugen zahlreiche Abraumhalden im Sauerland, sogenannte Bleiberge, von dieser Ausbeutung. Sogar eines dieser antiken Bergwerke haben die Archäologen bei Brilon entdeckt.

Eigentümer dieser Bleigruben war Augustus persönlich. Er verpachtete die Minen an römische Unternehmer. Ob Germanen, Soldaten oder Sklaven – wer in den Gruben arbeitete, wissen wir nicht. Die Bleibarren erhielten den Stempel: »PLUMBUM GERMANICUM«, Blei aus Germanien. Solche Bleibarren fanden Archäologen bis in den Mittelmeerraum hinein, ein Zeichen für einen blühenden Handel. Ein Großteil dieses Bleihandels wurde offenbar über Haltern abgewickelt, daran waren auch die Legionen beteiligt. Denn einer der zahlreichen Bleibarren trägt den Stempel: »L XIX« – »19. Legion«. Hier war die ruhmreiche 19. Legion stationiert – die Varus bald in den Untergang führen sollte.

BLEI – WERKSTOFF MIT NEBENWIRKUNGEN

Neben Bronze und Eisen verwandten die Römer bevorzugt Blei als Metall, weil es weich und gut formbar ist. Was kann man aus Blei herstellen? Die Römer fertigten Wasserrohre, Gefäße und andere Geräte wie Gewichte und Lote aus Blei. Allerdings ist es ein gefährlicher Stoff, aber das wussten die Römer noch nicht. Ein Großteil des Ess- und Trinkgeschirrs der Soldaten war aus Blei. Eine Bleiverbindung wurde sogar dazu genutzt, den Wein zu süßen und zu färben. So haben sich vermutlich viele Soldaten im Laufe ihrer Dienstzeit eine Bleivergiftung zugezogen. Die beginnt mit Darmkrämpfen, das Blut kann immer weniger rote Blutkörperchen bilden, und schließlich wird das Nervensystem zerstört: Kopfschmerzen, Müdigkeit, Lähmungserscheinungen. Medizinhistoriker haben sogar einmal überlegt: Warum wurde das römische Heer, das fast 1000 Jahre lang als unbezwingbar galt, gegen Ende des Reiches so schwach? War eine weit verbreitete Bleivergiftung letztlich am Untergang des Römischen Reiches Schuld? Das lässt sich abschließend wohl nie beantworten.

VARUS KOMMT!

Im Jahr 6 n. Chr. hatten sich die Markomannen unter ihrem König Marbod mit weiteren Stämmen verbündet, um einen großen Aufstand gegen die Römer anzuzetteln. Tiberius war jedoch bereit zum Gegenschlag. Er hatte zwölf Legionen versammelt, die er aus anderen Regionen abgezogen hatte. Zum Beispiel aus den römischen Provinzen Pannonien und Dalmatien. Für die unterdrückten Bewohner dort eine gute Gelegenheit, ebenfalls gegen die römischen Besatzer zu rebellieren. Augustus musste überlegen, an welcher Stelle ihm Ruhe und Ordnung wichtiger waren. Da die Provinz Pannonien direkt an Norditalien grenzte, bedrohten Unruhen in dieser Gegend das römische Kernland. Also schickte er Tiberius dorthin – aber wen sollte er stattdessen nach Germanien beordern? Bisher hatte er nur Familienangehörige mit den militärischen Aufgaben in Germanien betraut. Nun fiel seine Wahl auf Publius Quinctilius Varus. Der war nur ein sehr ferner Verwandter, aber er galt als erfahrener Provinzverwalter. Als Statthalter von Germanien erhält der zu diesem Zeitpunkt 55-jährige Varus von den antiken Autoren die mieseste Bewertung: ein lasterhafter Mensch – eitel und naiv, ein schlechter Verwalter und ein noch schlechterer Feldherr!

Moment mal – nach allem, was wir bisher von Augustus wissen: hätte er einen solchen Versager zum Statthalter einer Provinz gemacht, die ihm am Herzen lag? Wohl kaum. Und tatsächlich, in früheren Zusammenhängen wird der spätere Statthalter von Germanien ganz anders geschildert. Publius Quinctilius Varus, der 46 v. Chr. in eine Senatoren-Familie hineingeboren wurde, bekleidete bereits 22 v. Chr. (also mit 24 Jahren) ein Staatsamt in Achaia, der westgriechischen Provinz. In den folgenden Jahren begleitete er Augustus als Berater auf mehreren Reisen in die östlichen Provinzen. Varus heiratete Vipsania Marcella, eine Großnichte des Kaisers, und wurde 13 v. Chr. zum Konsul gewählt – gemeinsam mit Tiberius. In den Jahren 8 bis 7 v. Chr. war er Prokonsul der afrikanischen Provinzen, es folgten drei Jahre als Statthalter der Provinz Syrien. Zur Zeit der Geburt Jesu (nach heutiger Ansicht war das zwischen 7 und 4 v. Chr.) war Varus Berater des Königs Herodes von Judäa. Der Historiker Flavius Josephus beschreibt in seiner Geschichte des jüdischen Krieges, »De bello Judaico«, Varus als ruhigen und zurückhaltenden Menschen. Einen Statthalter, der mehr auf Diplomatie als auf rücksichtsloses Durchgreifen setzte. Als jedoch nach Herodes' Tod ein Aufstand ausbrach, ließ er diesen brutal niederschlagen und 2000 Juden kreuzigen.

Wenn sich römische Historiker mit der Niederlage in Germanien beschäftigen, beschreiben sie jedoch einen ganz anderen Menschen. Einen Raffzahn – so Velleius Paterculus: »Wie wenig er aber das Geld verachtete, zeigte Syrien, wo er Statthalter war: Arm betrat er ein reiches Land, reich verließ er ein armes Land.« Das ist merkwürdig, denn die Ausbeutung einer Provinz wird Varus angelastet, aber nicht Caesar und schon gar nicht Augustus, der das Gleiche in viel größerem Umfang tat. Wir merken, die antiken Autoren urteilen einseitig und gefühlsmäßig. Denn man kann auch eine ganz andere Erklärung für Varus' Reichwerden in Syrien finden. Obwohl die Römer und die benachbarten Parther Todfeinde waren, tolerierten beide den Handel entlang der Seidenstraße. Als neutrales Handelszentrum wurde die legendäre Wüstenstadt Palmyra dadurch groß. Und wenn der Handel aufblüht, füllen sich die Taschen der oberen Zollbeamten von allein.

Im Jahr 4 v. Chr. kehrte Varus reich nach Rom zurück. Da seine Frau inzwischen gestorben war, heiratete er noch einmal, wieder aus der kaiserlichen Familie, die Großnichte des Kaisers, Claudia Pulchra. Aus den folgenden elf Jahren im Leben des Varus wissen die römischen Geschichtsschreiber und Biografen so gut wie nichts zu berichten. Ist dies ein Zeichen dafür, dass Varus bequem geworden war? Kümmerte er sich nur noch um sein Vergnügen und seine Privatangelegenheiten? War er dick und träge geworden – von den vielen Trink- und Fressgelagen, für die die Römer ja berüchtigt sind? Wir wissen es nicht. Es war jedenfalls eine Notsituation, in der Augustus ihm die Führung in Germanien anvertraute.

Im Jahr 7 n. Chr. kam Varus das erste Mal in seinem Leben nach Germanien. Die Reise ging über den Brennerpass, durch die Provinz Rätien, den Rhein entlang zum Lager CASTRA VETERA (Xanten) und später weiter die Lippe entlang bis nach Haltern. Was sah Varus dabei?

Er sah einen regen Verkehr von Lastkähnen und römischen
Kriegsschiffen auf dem Rhein. Entlang der Ufer reihte sich ein
Militärlager an das andere, von Xanten aus führte eine gut befestigte Straße bis zum Lager Haltern. Dort, an seinem neuen
Sommersitz in den Jahren 7 und 8 n. Chr., überblickte er täglich einen Marktplatz, an dem Germanen und Römer friedlich
miteinander Waren tauschten. Vor diesem Hintergrund wird
verständlich, warum der erfahrene Varus eine so trügerische
Vorstellung von den Zuständen in Germanien gewinnen konnte. Tatsächlich jedoch sind die römischen Herrschaftsbereiche
nur Inseln im Meer des unregierbaren Germanien. Selbst der
antike Historiker Cassius Dio bemerkt dazu: »Die Römer hatten nur einzelne Orte des Landes in ihrer Gewalt, nicht ein zu-
sammenhängendes Gebiet, sondern wie die Germanen gerade
hier und da von den Römern unterworfen waren.« Varus jedoch will eine einheitliche Rechtsprechung einführen und die
Macht der einheimischen Führer und ihre willkürlichen Straf-
aktionen brechen. Und er entwickelt Pläne, wie überall in Germanien Steuern erhoben werden können, denn deswegen hat
ihn Augustus hierhergeschickt.

CASTRA VETERA im Winter 8/9 n. Chr. Varus wartete mit drei Legionen und den Hilfstruppen auf das Frühjahr, auf den Einsatz im Cheruskerland. Wie sah der Alltag im Lager aus? Langweilten sich die Legionäre? Ließen Kopf und Schultern hängen, wie es in den *Asterix-und-Obelix*-Comics dargestellt wird? Keineswegs, es gab immer etwas zu tun. Und wenn es nichts zu tun gab, dann erfanden die Vorgesetzten etwas. Denn es ist wichtig für die Disziplin der Truppe, dass sie ständig beschäftigt wird. Wenn nicht gerade das Lager erweitert oder ausgebessert wurde, exerzierten, also trainierten die Soldaten. Ständig standen Übungen mit den Waffen sowie strategische Manöver auf dem Plan. Besonders jedoch musste die Kondition der Soldaten geschult werden. Letztlich wurde ja auf Feldzügen wesent-

ESSEN WIE ZU HAUSE

Die römischen Soldaten ließen sich ohne zu murren in die abgelegensten Provinzen verlegen, wenn sie dort hin und wieder guten italienischen Wein trinken und ihr Brot in Garum dippen konnten, eine vergorene Fischsauce, die die Römer liebten wie wir heute Ketchup. Auch in den Römerlagern der fernsten Provinzen, wie in Britannien, finden die Archäologen Amphoren, die Wein aus Italien, Olivenöl und Garum aus Spanien enthielten. Die römische Heeresleitung hatte ein aufwendiges und effektives System entwickelt, um große Mengen dieser begehrten Lebensmittel zu beschaffen, in die einzelnen Provinzen zu transportieren, dort zu lagern und an die Soldaten zu verteilen oder zu verkaufen.

lich mehr marschiert als gekämpft. (Oft mussten die Truppen einige Hundert Kilometer zurücklegen, bevor sie die Feinde zur Schlacht stellen konnten.) Mindestens dreimal im Monat standen deshalb harte Übungsmärsche mit Gepäck auf dem Programm.

Weniger Zeit dagegen erforderte die Körperpflege. Morgens gab es kein großes Waschen, auch ihre Zähne putzten die Römer noch nicht – man rieb die Zähne bestenfalls mit Minzsaft oder Rosenblättern ab oder gurgelte ein wenig mit Essig oder Urin. Dafür gingen die Römer mit Freuden ins Badehaus. Wenn es nur irgendwie möglich war, errichteten sie in ihren neuen Siedlungen und Militärlagern schnellstens eine Anlage mit Dampfbad, kleinen Pools und Räumen, in denen man sich abschrubben und massieren lassen konnte.

Wer viel arbeitet, marschiert und badet, hat auch viel Hunger. Also ab in die Kantine? Nein, es gab keine zentralen Lager- oder Feldküchen. Auch darum hatten sich die Soldaten selbst zu kümmern. Deshalb stand täglich auf dem Speiseplan: Zwieback und Brot aus Weizen, der zunächst mit einer Handmühle gemahlen werden musste. Fleisch gab es für die normalen Soldaten nur, wenn bei einer Feier Tieropfer dargebracht wurden. In den Basislagern wie Haltern konnte man mit dem nötigen Kleingeld allerdings fast alle Lebensmittel aus der Heimat kaufen. Während der Feldzüge im Feindesland schließlich gab es neben Brot und Zwieback nur das, was »Lieferanten« (LIXAE) »organisierten«. Sie waren nichts anderes als tolerierte Plünderer, die umliegende Bauernhöfe überfielen, ausraubten und die Lebensmittel an die römischen Soldaten verkauften.

Gekocht und gegessen, geschlafen und gekämpft wurde in einer Kleingruppe aus acht Soldaten, dem sogenannten CONTUBERNIUM. Jede Zenturie war noch einmal in diese zehn Untergruppen à acht Legionären unterteilt. Und so saßen die einfachen Soldaten zu acht um ihre Kochstelle, aßen, tranken und prahlten mit ihren Heldentaten. Oder sie beschwerten sich bitter über ungerechte Vorgesetzte, denn dazu hatten sie häufig allen Grund.

SCHIKANE IM SOLDATENALLTAG

Die römische Armee galt zu Recht als die härteste, ja brutalste ihrer Zeit. Das betrifft nicht nur die Kampfweise und den Umgang mit den Feinden, sondern auch den Umgang untereinander. Es herrschte strenge Disziplin, und schon kleinste Vergehen zogen härteste Strafen nach sich: Spießrutenlaufen, Handabschlagen, Prügelstrafen, bei denen auch der Tod des Betreffenden in Kauf genommen wurde, und »exemplarische« Hinrichtungen, bei denen ein Soldat zur Abschreckung der anderen getötet wurde. Zu diesen Abschreckungsmaßnahmen gehörte auch die sogenannte DECIMATIO – dabei traf es jeden Zehnten, der ausgezählt wurde. So wurden sie bestraft, wenn die Soldaten gegen ihre Vorgesetzten meuterten, wenn sie desertierten oder sich, nach Ansicht der Heeresführung, auf dem Schlachtfeld feige verhalten hatten.

Auch die Art, wie die Todesstrafe durchgeführt wurde, können wir heute nur als bestialisch bezeichnen. Die Verurteilten wurden von römischen Reitern eingekreist und niedergemetzelt – von den eigenen Kameraden! Gewalt war Bestandteil des Alltags, häufig schikanierten Vorgesetzte – besonders die Zenturionen – die einfachen Soldaten. Die Zenturionen waren Offiziere, die beliebig befehlen und bestrafen konnten. Und das nutzten sie häufig aus. Es war gang und gäbe, dass sich die einfachen Soldaten mithilfe ihres Soldes von den Grausamkeiten freikaufen mussten. Nicht nur als Symbol ihrer Befehlsgewalt trugen die Zenturionen den VITIS bei sich – einen spazierstockgroßen Knüppel aus Rebenholz. Mit dem schlugen sie bei jeder Gelegenheit zu. Tacitus berichtet von einem Fall in Pannonien, als der Zenturio Lucilius so lange zuschlug, bis der Stock zerbrach und er nach einem neuen rief. Den Soldaten reichte es und sie töteten ihren Vorgesetzten. Immer wieder wird von Meutereien der Soldaten berichtet – nicht wegen harter Kämpfe, sondern wegen der Schikanen.

Etwas gemildert wurde dieser harte Alltag allerdings dadurch, dass sich auch Zivilisten im Lager aufhielten, die dem Heer sogar auf Feldzügen folgten. Teils waren das Sklaven, die den Offizieren zugeteilt waren, größtenteils jedoch Frauen und Kinder. Augustus hatte seinen Soldaten zwar verboten zu heiraten, doch die Frauen und unehelichen Kinder im Lager wurden von den Befehlshabern toleriert. Denn Männer, die zu lange nur unter sich leben, verrohen leicht.

Dafür gab es wiederum Orte, wo sich die Männer allein trafen, unterhielten und frotzelten. Damit sind nicht die Tavernen gemeint, in denen sich die Soldaten mit Wein oder Bier volllaufen ließen, wenn sie ihren Sold bekommen hatten, sondern die Latrinen, also die Toiletten. Sie hatten bei den Römern einen ganz anderen Ruf als bei uns. Während wir uns heute allein auf das »stille Örtchen« zurückziehen, waren die Toiletten bei den Römern richtige Versammlungsorte. Hier standen die einzelnen Latrinen in Reih und Glied nebeneinander – ohne Trennwand. Die Römer wollten sich unterhalten, während sie ihre großen und kleinen Geschäfte verrichteten.

GESTATTEN: GAIUS JULIUS ARMINIUS!

Auch Varus will sich während der langen Wintermonate im Lager unterhalten, er will mehr über die Germanen erfahren, ihre Lebens- und Denkweise. Nicht zuletzt deshalb hat er sich mit einem ehemaligen »Barbaren« in seinem Offiziersstab angefreundet, mit dem Cherusker Arminius. Wie ihn die Germanen nannten, wissen wir nicht. Sicher aber nicht Hermann. Gaius Julius Arminius – so lautete den römischen Historikern zufolge sein einzig wahrer, nämlich sein römischer Name. Denn er besaß das römische Bürgerrecht und den Rang eines römischen Ritters!

Arminius wurde vermutlich 18 v. Chr. in eine der führenden Familien des Cherusker-Stammes hineingeboren. Die Cherusker hatten sich in den zurückliegenden Jahren gespalten, es gab ein Pro-Römer- und ein Contra-Römer-Lager. Das Pro-Römer-Lager wurde von Arminius' Vater, dem Fürsten Segimer, angeführt. Er sah ihre Zukunft in der Zusammenarbeit mit den Römern, viel ließ sich von ihnen lernen. Einige Historiker schreiben, dass Arminius und sein Bruder Flavus bereits einen Teil ihrer Jugend in Rom verbrachten. Als Geste der Unterwerfung wurden sie von Segimer den Römern als Geiseln übergeben. Arminius stammt also aus der Adelsschicht.

Moment mal – haben wir nicht weiter oben festgestellt, dass die Langhäuser in den germanischen Siedlungen gleich groß waren? Und da es um die Zeitenwende keine extragroßen

DAS FÜRSTENGRAB VON GOMMERN

Als das Hügelgrab um 300 n. Chr. angelegt wurde, lag es direkt am Ufer der Elbe. Während die einfachen Germanen nach ihrem Tod verbrannt wurden, legte man die Leiche dieses bedeutenden Toten in eine Grabkammer mit üppigen Beigaben und schüttete darüber einen Hügel aus Stein und Erde auf – wie es schon in der Bronzezeit praktiziert wurde. Für seine Reise ins Jenseits erhielt der Tote kostbare Beigaben: Waffen und Schmuck aus Bronze, Silber und Gold, am auffälligsten ist ein Schildbuckel aus Silber, der mit Goldplättchen und bunten Glassteinen verziert ist. Besonders reichhaltig wurde der Verstorbene auch mit Gefäßen für Trinkzeremonien ausgestattet – er hat gleich von jedem zwei Ausführungen erhalten: Holzeimer mit Bronzebeschlägen, Eimer aus Messing, Gefäße und Schöpfkellen aus Silber und kostbare Gläser. Trinkrituale hatten anscheinend eine wichtige Funktion bei der Machtausübung. Außerdem standen im Grab römische Möbel: ein Dreifuß und eine Liege, auf die der Tote gebettet worden war.

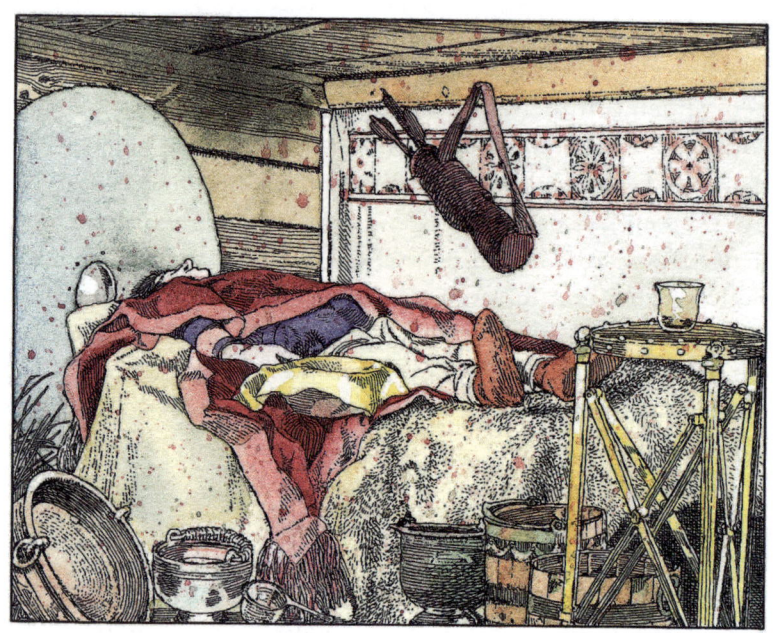

Herrensitze gab, finden sich aus Sicht der Archäologen auch keine eindeutigen Anzeichen für eine germanische Führungsschicht, für einen Adel. Vereinzelt sind in den letzten 20 Jahren jedoch Spuren von germanischen Fürsten oder einer Adelsschicht gefunden worden.

Dazu gehören Gräber, die ab 100 n. Chr. bei Hagenow (rund 30 Kilometer südwestlich von Schwerin) eindeutig für eine Führungsschicht angelegt wurden. Das beweist die Ausstattung: So wurden die Überreste eines 55-jährigen Germanen nach der Verbrennung in einem römischen Bronzekessel zur Ruhe gebettet: Der Asche des Leichnams wurden zusätzlich ihre Rüstung und Gegenstände beigegeben, die nicht mit verbrannt waren: mehrere Gürtel, vier Sporenpaare, Kettenpanzer, Schwert, Schild, Lanze und Speer, zwei Trinkhörner, Fibeln und ein kleiner Goldbarren. Den Archäologen wurde klar: Dies ist die Ausstattung eines Heerführers oder Stammesfürsten.

Und das gilt erst recht für das »Fürstengrab von Gommern«, das 1990 südöstlich von Magdeburg entdeckt wurde. Es ist eine der wenigen Grabkammern aus der, allerdings späten, römisch-germanischen Zeit, die bis zu ihrer Entdeckung ungeöffnet blieben. Meistens wurden die alten Gräber von Räubern geplündert. Für die Archäologen bleibt dann trotzdem noch viel Forschungsmaterial über, aber die Originalspuren sind vernichtet – wie bei einem kriminalistischen Tatort. In diesem Fall jedoch konnten solche Spuren gerettet werden, wie die nicht verwitterten Teile eines Ledergürtels und Kleidungsteile. Damit nun lässt sich das Outfit dieses Führers rekonstruieren: Er trug eine Hose und darüber einen Kittel, der von einem breiten Gürtel mit goldenen Beschlägen gehalten wurde. Ein bunter Umhang schützte ihn vor der Kälte. Alle Kleidungsstücke waren aus edlen Stoffen. Bewaffnet war er mit einem Schwert, einer Lanze und einem großen, runden Schild aus Holz, das mit Linien und Mustern verziert war. Dazu trugen Männer wie der Fürst von Gommern gern Schmuck. So ließen Kleidung, Schmuck und Waffen auf den ersten Blick erkennen, dass es sich hier um einen mächtigen Mann handelte.

Führen wir uns die Fakten noch einmal vor Augen: Um die Zeitenwende herrschte weitgehend noch Gleichheit unter den Germanen, ab 100 n. Chr. gibt es Anzeichen für die besondere Bestattung von Kriegern und um 300 n. Chr. komplett ausgestattete Fürstengräber. Wir haben es mit einer schrittweisen Entwicklung zu tun, offenbar entstand der Adel gerade in dieser Zeit. Und auch auf die Frage, warum das genau zu dieser Zeit geschah, gibt es eine Antwort: Von den Römern laufend provoziert, entwickelten sich die Germanen zu einem Kriegsvolk. Obwohl die Germanen häufig gegen römische Truppen kämpften, war es kein Verrat, in dieser römischen Armee zu dienen. Ganz im Gegenteil, man genoss hohes Ansehen, wenn man in der römischen Armee beispielsweise zum Offizier aufgestiegen war. Die aus der Legion ausgeschiedenen Kämpfer brachten daneben einen üppigen Entlassungssold mit in ihre Heimat. Außerdem hatten diese Männer viel ge-

GERMANEN – HILFSTRUPPEN UND ELITESOLDATEN DER KAISERLICHEN LEIBGARDE

Da Augustus das römische Heer auf 28 Legionen beschränkte, spielten die Hilfstruppen eine wachsende Rolle in der Armee. Besonders Germanen waren gefragt, denn sie galten als groß, stark und wild. Vergleiche von einigen Hundert germanischen und römischen Skeletten beweisen, dass die Germanen bis zu 1,80 Meter groß waren und ihre römischen Konkurrenten beinahe um eine Kopflänge überragten. Vermutlich verdankte sich der Größenunterschied der eiweißreicheren Ernährung, denn Germanen aßen viel mehr Fleisch und Milchprodukte als die Römer. Kein Wunder, dass auch Augustus für seine Leibgarde auf diese großen Kämpfer zurückgriff. Obwohl die Hilfstruppen vollständig aus Angehörigen der Provinzen bestanden, folgten sie zum größten Teil dem Vorbild der Legionen. Sie wurden in Infanterie (Kohorten) und Reiterei (Alae) untergliedert und meist von römischen Offizieren geführt. Nur hin und wieder zeichnete sich ein germanischer Söldner durch Tapferkeit und Intelligenz so aus wie Arminius, dass ihm ein Kommando übertragen wurde.

meinsam: Erfahrung im Kampf und umfangreiche Kenntnisse militärischer Strategien.

Gleichzeitig kam es zu immer heftigeren Reibungen zwischen den germanischen Stämmen – ausgelöst letztlich durch die eindringenden Römer. Immer häufiger sammelten die Stammesführer die Kämpfer um sich. Schließlich blieb ein Teil der Truppen um den Stammesführer geschart und dieser blieb auch in den kurzen Friedenszeiten an der Macht. Dafür, dass er mit seinen Truppen jederzeit kampfbereit blieb, mussten ihm die Bauern Abgaben zahlen und seinen Befehlen gehorchen. Genau nach dem gleichen Muster entstand auch im Mittelalter der Ritteradel.

Zurück zu Arminius. Ob Arminius aus einer alten Adelsfamilie stammt, lässt sich also bezweifeln. Allerdings entstand in dieser Zeit die neue Führungsschicht der Germanen, zu der Arminius gehört haben muss. Hinzu kommt außerdem: Den Rang eines römischen Ritters hatte sich Arminius erarbeitet.

In den Jahren 4–7 n. Chr. diente er als Präfekt germanischer Hilfstruppen im römischen Heer, besonders im pannonischen Aufstand auf dem Balkan bewährte er sich. Deshalb wurde er im Jahr 7. n. Chr. zum Offizier der Hilfstruppen ernannt, in diesem oder im nächsten Jahr kehrte Arminius mit seiner Hilfstruppe nach Germanien zurück und wurde Varus unterstellt. Varus sah in Arminius einen germanischen Offizier, der sich im Kampf mit Aufständischen ausgezeichnet und sich unter dem Befehl von Tiberius bewährt hatte, einen germanischen Offizier, der ein Cherusker war und sich deshalb bestens mit Land und Leuten der Region auskannte, die Varus befrieden wollte. Kein Wunder, dass Arminius schnell zum vertrauten Berater von Varus werden konnte. Und Arminius: Hatte er schon von Anfang an die Idee von einem großen Aufstand im Kopf? Hatte er sich während der vielen Winterabende nur deshalb beliebt und unentbehrlich bei Varus gemacht, um ihn später besser täuschen zu können?

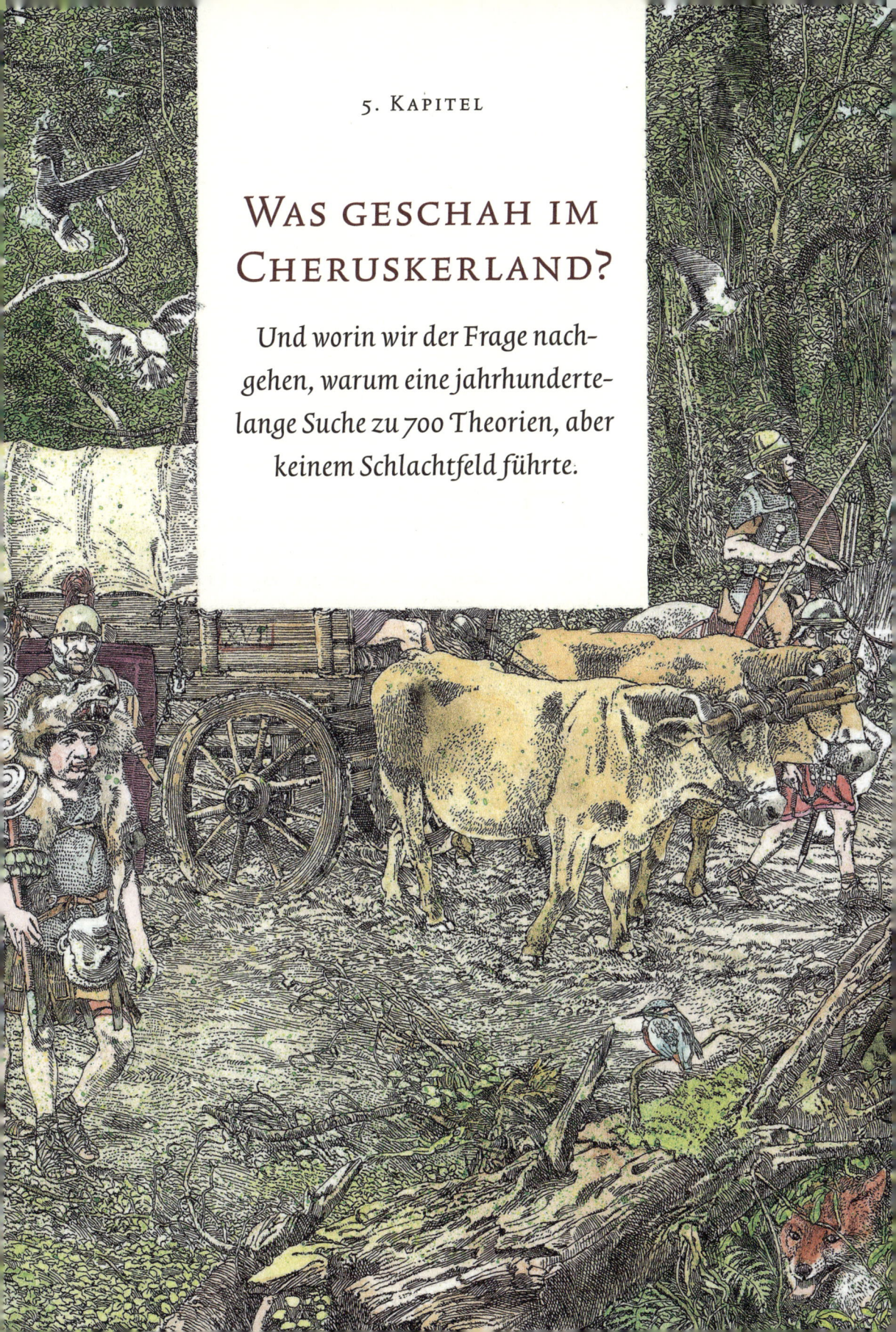

5. KAPITEL

WAS GESCHAH IM CHERUSKERLAND?

Und worin wir der Frage nachgehen, warum eine jahrhunderte-
lange Suche zu 700 Theorien, aber
keinem Schlachtfeld führte.

altern im Frühjahr 9 n. Chr. Seit einigen Wochen geht es in den Lagern eng und hektisch zu. Neben der 19. Legion, die hier ständig stationiert ist, sind auch die 17. und 18. Legion aus CASTRA VETERA angerückt. Ihre Zelte haben sie zwischen den festen Lagern aufgeschlagen, Heringe dieser Zelte werden die Archäologen fast 2000 Jahre später noch im Boden finden. Alle drei Legionen wurden vom Kaiser selbst aufgestellt, als er noch Octavian hieß und zur Macht strebte. Mit diesen Legionen soll Germanien endlich befriedet werden. Doch die Soldaten packen ihr Marschgepäck nur ungern, um zur Sommerkampagne aufzubrechen – und nur wenige von ihnen können Monate später panisch zurück ins Lager fliehen. Was war im Land der Cherusker geschehen?

2000 Jahre nach den Ereignissen liegen uns mehrere Berichte darüber vor, das ist die gute Nachricht. Und die schlechte Nachricht lautet: Die Berichte wollen einfach nicht zusammenpassen. Ja, sie widersprechen sich ganz offensichtlich in zahlreichen Punkten. Bisher haben wir uns die einzelnen Informationen einmal von diesem Historiker gesucht und einmal von einem anderen. Doch nun kommt es auf die große Genauigkeit der Aussagen der einzelnen Berichte an – denn sie sind unsere »Quellen«, die wir mit den archäologischen Funden vergleichen wollen. Und deshalb beginnen wir am Anfang mit der Frage: Gibt es überhaupt einen unumstößlichen Beweis für die Varusschlacht? Ja, den gibt es. Einen einzigen, aber ziemlich großen und schweren: den Grabstein des Marcus Caelius.

Marcus war 53 Jahre alt, als er in der Varusschlacht fiel. Er gehörte der 18. Legion an und war Zenturio der 1. Kohorte. Sein in Stein gehauenes Abbild trägt eine CORONA CIVICA aus Eichenlaub, einen Kranz, der ihm – ähnlich unseren heutigen Orden – als Ehrung verliehen wurde dafür, dass er einen Kameraden in der Schlacht gerettet hat. Solche in Stein gemeißelten Inschriften gelten als besonders zuverlässige Quellen – warum? Weil sie so etwas wie offizielle Dokumente sind, wie unsere heutigen Reisepässe. Und weil sie im Laufe der Jahrhunderte nicht mehr geändert wurden, was bei Büchern leicht passieren kann, in der nächsten Abschrift oder der nächsten Auflage.

Gefunden wurde der Grabstein in der Nähe des Legionslagers in Xanten, und zwar auf sehr abenteuerliche Weise. Irgendwann im frühen Mittelalter wurde das Kloster Fürstenberg errichtet, dabei hatten die wackeren Mönche allerlei römische Bauteile wie Säulen und eben schöne Grabstelen wie die des Marcus Caelius mitverbaut. Doch im 17. Jahrhundert wurde das Kloster aufgegeben, im wörtlichen Sinne »auseinandergenommen« und als Baumaterial weiterverkauft. Das war Glück, denn zu dieser Zeit begannen sich die Menschen für ihre Geschichte zu interessieren, und deshalb wurde die Grabstele nicht wieder verbaut, sondern als historisches Zeugnis aufbewahrt.

Dieses Zeugnis hat aber leider einen Haken: Es verrät uns nur wenig über die Schlacht. Wenn wir mehr wissen wollen,

DER GRABSTEIN DES
MARCUS CAELIUS

Eigentlich sind nur folgende Buchstaben auf dem Grabstein eingemeißelt:
    M CAELIO T F LEM BON
    O LEG XIIX ANN LIII
    CIDIT BELLO VARIANO OSSA
    NFERRE LICEBIT P CAELIUS T F
    LEM FRATER FECIT

Durch viel Erfahrung mit römischen Inschriften können Historiker jedoch viele Buchstaben ergänzen, die hier in Klammern stehen:
M(arco) Caelio T(iti) f(ilio) Lem(onia tribu) Bon(onia)
[I] o(rdini) leg(ionis) XIIX ann(orum) LIII
[ce]cidit bello Variano ossa
[lib(ertorum) i]nferre licebit P(ublius) Caelius T(iti) f(ilius)
Lem(onia tribu) frater fecit

Und wenn man im Lateinunterricht gut aufgepasst hat, dann kann man das nun ganz einfach lesen:
»Dem Marcus Caelius, Sohn des Titus, aus der Gemeinde Lemonia, die aus Bologna stammen.
Er war Zenturio der 18. Legion mit 53 Jahren.
Er fiel im Varuskrieg. Seine Gebeine zu bestatten ist erlaubt.
Publius Caelius, Sohn des Titus aus der Gemeinde Lemonia, hat dem Bruder diesen Grabstein errichten lassen.«

müssen wir uns die Historiker und ihre Texte einmal genau anschauen. Es sind hauptsächlich vier griechische und römische Autoren, die uns in ihren Werken Auskünfte über das Geschehen rund um die Varusschlacht geben: die Griechen Velleius Paterculus und Lucius Annaeus Florus sowie die Römer Publius Cornelius Tacitus und Cassius Dio.

DER ZEITZEUGE VELLEIUS PATERCULUS

VELLEIUS PATERCULUS

Velleius Paterculus diente zur Zeit der Varusschlacht als Offizier in Germanien, für einige Geschehnisse kann er als Augenzeuge gelten. Obwohl er nah am Geschehen war, macht Velleius nicht die geringsten Angaben zum Ort oder zum Ablauf der Varusschlacht, seine Darstellung nimmt Partei zugunsten von Tiberius.

Velleius lebte von etwa 20 v. Chr. bis um 30 n. Chr. Er diente als Offizier unter Tiberius in Germanien und Pannonien. Wenn man sein Alter nachrechnet, dann muss seine Militärzeit zwischen den Jahren 1 und 20 n. Chr. liegen, er war damit ein unmittelbarer Zeuge der Ereignisse in Germanien. Allerdings ist klar erkennbar: Er verherrlichte den Feldherrn und späteren Kaiser Tiberius und beurteilte andere, beispielsweise Augustus und Varus, entsprechend negativ.

In der römischen Armee lernte Velleius »einen jungen Mann aus edlem Geschlecht kennen, heißblütig und von rascherem Verstand als üblicherweise die Barbaren – Arminius«. Auf den Feldzügen in Pannonien war dieser ein zuverlässiger Begleiter der Römer, so Velleius. Allerdings verriet sein Blick, welches kaum zu bremsende Temperament in ihm steckte. Varus dagegen war in den Augen von Velleius körperlich und geistig schwerfällig: »Er war mehr an das geruhsame Lagerleben als an den Gefechtsdienst gewöhnt.« Darüber hinaus berichtet der Augenzeuge Velleius Paterculus spöttisch: »Die Germanen sind bei all ihrer Wildheit äußerst schlau und ein zur Lüge geborener Menschenschlag. Sie täuschen eine erdichtete Reihe von Rechtsstreitigkeiten vor und fordern einander vor Gericht.« Und wenn der römische Richter, also Varus, den Fall geschlichtet hat, sagen sie Dank. Denn was sie bisher mit den Waffen entscheiden mussten, wird nun durch das Recht geordnet. »So verleiten sie Varus zu größter Sorglosigkeit, er glaubt am Ende, dass er in Rom Recht spreche und nicht mitten im germanischen Gebiet«, so Velleius Paterculus. Jetzt müsste die Schilderung des Überfalls folgen – doch der einzige Augenzeuge schreibt: »Den Ablauf des schrecklichen Unglücks

Peutinger'sche Karte – ein sieben Meter langer Streckenfahrplan

Die Karte hat ihren Namen von dem Augsburger Humanisten Konrad Peutinger, der die Karte um 1508 erwerben konnte. Angefertigt wurde sie im 13. Jahrhundert aus Pergament und ist die Kopie einer spätrömischen Karte. Das Besondere an ihr: Sie ist 682 Zentimeter lang und nur 34 Zentimeter breit und wird an beiden Seiten aufgerollt. Die Karte gibt die damals bekannte Welt von Britannien bis nach Indien wieder – doch die Länder sind auf ihr wie Kaugummi arg in die Länge gezogen. Da die Karte so schmal ist, wurden auf ihr einfach Städte und Kastelle hintereinander aufgereiht, die eigentlich übereinander liegen müssten. Orte, die von den Alpen getrennt werden, liegen auf der Karte dicht beieinander. Letztlich sieht sie eher wie der Streckenfahrplan einer Bus- oder U-Bahn-Linie und nicht wie eine Karte aus: Linien zeigen den Verlauf der Römerstraßen an, Symbole stehen für die einzelnen Stationen, und auch der Abstand zwischen den Stationen wird angezeigt. Eine sinnvolle Orientierung für Reisende, die die Römerstraßen nicht verlassen.

will ich in einem entsprechenden Buch darlegen.« Nur hat er das dann doch nicht getan oder diese Schrift ging verloren.

Velleius macht drei Faktoren für das Unglück verantwortlich: »Die Schlaffheit des Führers, die Hinterlist des Feindes und ein ungerechtes Schicksal.« Letztlich waren die Menschen in der damaligen Zeit davon überzeugt: Große Siege oder Niederlagen sind ein Urteil der Götter.

Bevor wir uns mit den drei anderen Historikern beschäftigen, müssen wir eines noch klarstellen: Die anderen Autoren haben mindestens 100 Jahre nach der Schlacht gelebt und geschrieben. Wie präzise können denn da die Angaben überhaupt sein? Lasen sie die alten Berichte und schauten sich dabei die Karten an? Immer wieder kann man in Geschichtsbüchern Szenen wie die folgende lesen: »Kaiser Augustus ließ sich von seinen Geografen alle verfügbaren Karten vorlegen und studierte die Lage in Germanien.« Hatten römische Herrscher und Feldherren Karten vor sich ausgebreitet, auf denen ganz Europa, der Mittelmeerraum und der Nahe Osten eingezeichnet waren? Nein, die meisten Römer konnten mit Karten nichts anfangen. Reisende und Geografen hatten zwar schon einiges Wissen über die damals bekannte Welt zusammengetragen, doch dieses Wissen wurde in Form von Texten weitergegeben. In die wenigen vorhandenen Karten zeichnete jeder die Dinge so, wie er wollte. Die römischen Geografen stellten Rom natürlich ganz groß dar – den Rest der Welt kleiner. Und kaum bekannte oder unbedeutende Gegenden noch kleiner. Vorhandene Karten wurden auch nicht systematisch gesammelt und vor Feldzügen genutzt. Das gilt also auch für die römischen Autoren, die über die Varusschlacht schrieben.

Im Frühling des Jahres 9 n. Chr. zog Varus mit seinen Truppen die Lippe entlang ostwärts, so viel ist unstrittig. Spätestens hinter dem verfallenen Lager Anreppen gibt es keine Römerstraße, keine Versorgungsstützpunkte mehr, irgendwo da draußen werden die Soldaten ihr Sommerlager errichtet haben. Dabei war den Germanen nicht zu trauen, doch ihr Kommandeur sah das ganz anders – erzählt uns der nächste Autor: Florus.

DER MORALIST FLORUS

Wann Lucius Annaeus Florus lebte und schrieb, wissen wir nur ungefähr: um 100 bis 150 n. Chr. Er stammte aus Afrika und hat seine Geschichte der römischen Kriege bis in die Zeit von Augustus vermutlich in der Zeit des Kaisers Hadrian (117–138 n. Chr.) verfasst. Das ist auch schon so ziemlich alles, was wir über Florus wissen. Aber ein Detail ist dabei wichtig für uns: Florus verherrlicht die Taten des Feldherrn Drusus, und entsprechend setzte er die der anderen herab. Als Drusus starb, gingen in Florus' Darstellung die Dinge bergab. Besonders den neuen Statthalter hat er »gefressen«: »Die Germanen begannen, die Gier und den Hochmut des Quintilius Varus nicht weniger zu hassen als seine Grausamkeit.« Vor allem jedoch versuchte Varus, die wilden Germanen durch immer neue Vorschriften zu bändigen. Tatsächlich säte er, so Florus, nur weiter Rachsucht: »Die Gerichtsentscheidungen wüteten schlimmer als Waffen!« Diese blinde Rechtsprechung war sogar direkt an der Niederlage schuld, behauptet Florus: »Der Ahnungslose und nichts Befürchtende lud – welche Sorglosigkeit – jene Leute vor Gericht, und von allen Seiten brachen sie herein. Das Lager wurde ausgeraubt, drei Legionen wurden vernichtet.« Varus und seine Legionen sind in der Darstellung von Florus in ihrem Sommerlager angegriffen und auf grausamste Art geschlagen, gefoltert und ermordet worden, allerdings schildert er mit keinem Wort, wo das Lager aufgeschlagen worden war.

Im Frühherbst des Jahres 9 n. Chr zog sich eine endlose Schlange durch das Gelände längs der Lippe, das Heer und sein Tross: 20000 Soldaten, 10000 Zivilisten, ungezählte Maultiere und Ochsenkarren. Wo lag das Sommerlager und wie sah der Rückmarsch in den Untergang aus? Diese Fragen lösten eine Suche aus, wie es sie auf deutschem Boden bis dahin nicht gegeben hat. Daran ist vor allem unser nächster Kandidat schuld.

FLORUS

Florus war ein aus Afrika stammender Geschichtsschreiber, er verfasste sein Werk mehr als 100 Jahre nach den Ereignissen, darin gibt er Varus die alleinige Schuld an dem Desaster und macht leider keine Angaben zum Schlachtort.

DER WIRKUNGSVOLLE TACITUS

Publius Cornelius Tacitus lebte etwa von 55 bis 113 n. Chr. Er war römischer Politiker und Geschichtsschreiber, von seinem

Leben wissen wir bedauerlich wenig. Allerdings ist klar, dass Tacitus ein entschiedener Gegner des damaligen Kaisers Domitian war und Germanien nie selbst bereist hat. Von seinen Werken wurden uns drei überliefert: die »Annales«, die »Historiae« und die berühmte »Germania«, im Originaltitel »De origine et situ Germanorum«. Obwohl Rom zu Lebzeiten von Tacitus schon lange keine Republik mehr war, blieb er sein Leben lang Republikaner. Für ihn war die Kaiserherrschaft ein Absturz Roms. Er nutzte seine Darstellung der Germanen in seiner »Germania« als Lehrstück vom »edlen Wilden«, er strich besonders bestimmte positive Eigenschaften der Germanen hervor, um damit indirekt den Verfall der römischen Gesellschaft zu kritisieren. Die Germanen waren zwar wild, aber unverdorben – treu, unbestechlich, kampfbereit und die Frauen bescheiden. Damit wollte Tacitus sagen: Diese wichtigen Charaktereigenschaften besitzen wir Römer leider nicht mehr, und nun sind wir auch noch dabei, die Germanen zu verderben: »Manche Germanen haben wir auch schon so weit gebracht, dass sie Geld nehmen.«

In seinen »Annalen« erzählt der Historiker vor allem von den römischen Rachefeldzügen des Germanicus 12–15 n. Chr. Die Varusschlacht kommt darin nur in einzelnen Absätzen vor. So erfahren wir, dass Varus noch am Abend vor der Schlacht Arminius und dessen Widersacher Segestes zum Gastmahl eingeladen hatte. Segestes warnte Varus noch einmal vor dem Aufstand, Varus vertraute aber weiterhin Arminius. Und Arminius hatte die Tochter des Segestes, Thusnelda, entführt und geschwängert. Zur eigentlichen Schlacht, oder besser: zu dem, was Germanicus einige Jahre später fand, schreibt Tacitus: »Das erste Lager des Varus war vom Umfang und dem Hauptplatz her für drei Legionen angelegt. Danach sah man an dem halb eingestürzten Wall und dem niedrigen Graben die Stelle, an der sich die bereits zusammengeschmolzenen Römer festgesetzt hatten. Mitten auf dem Feld lagen bleichende Knochen.« Tacitus war nie in Germanien, er beschreibt weder die Marschroute der verlorenen Legionen noch deren Kampf gegen die Germanen. Und trotzdem hat der ganze Streit um den Ort der Schlacht damit begonnen, dass die Schriften des Tacitus wiederentdeckt wurden.

Moment mal – was heißt hier eigentlich, Tacitus wurde »wiederentdeckt«? Lange Zeit wussten die meisten Menschen so gut wie nichts über die Römerzeit. Besonders im Mittelalter waren sie zu sehr damit beschäftigt, einfach nur zu überleben. Sie hatten keine Zeit, sich mit der Vergangenheit zu beschäftigen. Doch das gilt nicht für die Klöster. Heute erscheinen sie uns als Orte der Weltabgeschiedenheit und Überbleibsel einer fernen Vergangenheit. Das war im Mittelalter ganz anders – Klöster waren Zentren des Fortschritts und des Wissens. In den Klostergärten wurden Kräuter gezüchtet, die in der Küche, aber auch in der Medizin Verwendung fanden, in den Klosterkellern wurde Wein gekeltert, Branntwein destilliert und Bier gebraut. Vor allem jedoch wurde in den Klosterbibliotheken das Wissen der Antike verwahrt. Damit die Schriften von Caesar, Tacitus und den vielen anderen antiken Autoren nicht im Laufe der Jahrhunderte verfielen und verbreitet werden konnten, mussten sie immer wieder abgeschrieben werden, denn zu dieser Zeit gab es weder Fotokopierer noch war der Buchdruck erfunden.

In den klösterlichen Schreibstuben saßen von frühmorgens bis spät in den Abend hinein Mönche bei Kälte und schlechtem Licht und kopierten einzelne Texte und ganze Bücher. Dafür konnten sie nicht einfach Papier und Stifte kaufen. Stattdessen stellten die Mönche in einem mühsamen Prozess Pergament aus Tierhäuten her, und Pergament war das Material, das beschrieben wurde. Ungegerbte Tierhäute mussten enthaart, geglättet und mit Kreideschlamm aufgehellt werden, bevor sie aufgespannt wurden, um zu trocknen.

Das eigentliche Schreiben begann mit einem Entwurf, der mit einem Griffel in eine Wachstafel eingeritzt wurde. Solche

Von wegen Tussi!

»Tussi« ist für uns heute ja ein Schimpfwort. »Tussi« ist die Kurzform von »Thusnelda«. Auch »Thusnelda« wird als Schimpfwort benutzt. Im Ruhrgebiet meint man damit eine aufgetakelte und überdrehte Frau, die die Männer nervt. Tatsächlich war die erste Thusnelda, über die berichtet wurde, die Tochter des germanischen Stammesfürsten Segestes. Der hatte sie bereits einem anderen Mann versprochen, vermutlich dem Fürstensohn eines befreundeten Stammes. Doch Thusnelda muss so klug und schön gewesen sein, dass Arminius alle Schwierigkeiten in Kauf nahm, um sie zu verführen. Er riskierte sogar, dass sein Aufstand scheiterte, denn Arminius entführte Thusnelda und heiratete sie gegen den Willen ihres Vaters. Als Arminius in den Krieg zog, war sie bereits schwanger.

Tacitus

Tacitus erzählt nur indirekt von der Varusschlacht. Er macht aber eine ungenaue Ortsangabe und löst damit ein Suchfieber aus. Obwohl er nie in Germanien war, will er die Römer am Beispiel der Germanen belehren.

Wachstafeln benutzten auch angehende Kopisten und Kloster-schüler zum Üben. Stimmte das Konzept, wurde es mit einer Gänsefeder und mit Tinte auf das Pergament übertragen. Die fertigen Blätter wurden von den Mönchen zu Lagen gefalzt und zu Buchblöcken geheftet. Die Buchdeckel aus dünnem Holz wurden mit Leder überzogen und erhielten noch Be-schläge und eventuell Schließen.

Auf diese Weise wurden auch Tacitus' »Annalen« eineinhalb Jahrtausende lang überliefert – wohl erst in dem Kloster in Fulda, später wurden sie aus unbekannten Gründen im Kloster Corvey aufbewahrt. 1507 wurden Teile der »Annalen« von ei-nem Unbekannten gestohlen. Denn plötzlich interessierte die Welt sich wieder für die Geschichten aus römischer Zeit. Es war die Zeit der »Renaissance«, was wörtlich »Wiedergeburt« heißt und eine Rückbesinnung auf eine frühere Zeit bedeutete, die griechisch-römische Antike, deren Kultur, deren Wissen, deren Errungenschaften wiederentdeckt und hoch geachtet wurden. Und da um 1500 auch die neue Technik des Buch-drucks entwickelt worden war, erschien die erste gedruckte Ausgabe von Tacitus' Werken bereits 1607.

Nun hielten die Gebildeten nicht nur einen Bericht über Römer und Germanen in den Händen, sondern sie verfügten auch über eine stichhaltige Ortsangabe zur Varusschlacht. Denn Tacitus macht im Zusammenhang mit dem römischen Rachefeldzug des Germanicus (15 n. Chr.) auch Ortsangaben zur Varusschlacht: »... alles Land zwischen den Flüssen Lippe und Ems wurde verwüstet. Man war dem Teutoburger Walde, in dem, wie es hieß, die Reste der Legionen und ihres Feld-herrn Varus unbestattet lagen, nicht mehr fern.«

Moment mal – steht da wirklich im Text »Teutoburger Wald«? Nein, natürlich nicht. Der Text ist ja ursprünglich auf Latein abgefasst. Dort steht wortwörtlich: »TEUTOBURGIENSI SALTU«. Und das lässt sich dummerweise nicht ganz überset-zen, denn das Wort »Teuto« gibt es im Lateinischen nicht. Wir kennen aber auch keine Region »Teuto« in Germanien, ein entsprechendes Gebiet wird von den römischen Autoren und griechischen Geografen nirgendwo erwähnt – nur bei Tacitus. So lautet die unvollständige Übersetzung: Waldberg im »Teuto«-burgischen Gebiet. Aber wo lag dieser Waldberg?

Außer dieser recht vagen Ortsangabe standen den Forschern nicht viele Hinweise zur Verfügung. Und so wünscht sich der Hobbyforscher A sehr, dass die Römer auf dem Weg in den Untergang auch durch sein Dorf gelaufen sind. So sehr, dass er nur noch Beweise für die These sammelt. Der Historiker B dagegen versucht, die wenigen Namen und Ortsangaben in den Quellen ganz neu zu interpretieren. Könnte Haltern nicht auf den Namen ALISO zurückgehen? Dann wäre Haltern das Kastell, in das die wenigen überlebenden Römer nach der Varusschlacht flüchteten. Und dann muss die Schlacht doch weiter im Westen gelegen haben. Und Archäologe C hat römische Münzen aus der Kaiserzeit nahe einer Hügelkette entdeckt. Diese Funde beweisen eindeutig, wo die Schlacht stattfand. So wird auch die Gegend um Hildesheim als möglicher Schlachtort genannt, weil dort ein Silberhort aus römischer Zeit gefunden wurde.

700 THEORIEN – VIER GRUPPEN – EINE SCHLACHT

Auf diese Weise entstanden schließlich rund 700 Theorien darüber, wo das Schlachtfeld lag. Die bis heute ernster diskutierten Lokalisierungen lassen sich in vier Gruppen einordnen: Die Gebiete der Münsterländer Theorie und der Lippischen Theorie liegen auf der Höhe der Lippe, davon südlich das Areal der Südtheorie und davon nördlich das Areal der Nordtheorie.

Die sogenannte Münsterländer Theorie siedelt die Schlacht in der südöstlichen Westfälischen Bucht an, also rund um die Beckumer Berge. Aber wer sagt denn, dass das Schlachtfeld nördlich der Lippe gesucht werden muss? Die Anhänger der »Südtheorie« sind der Überzeugung, die Varusschlacht habe im östlichen Sauerland (südlich und östlich von Soest) stattgefunden. Schließlich lagen dort die römischen Bleibergwerke und inzwischen wurde bei Kneblinghausen auch ein Römerlager gefunden. Die meisten und prominentesten Anhänger fand jedoch die »Lippische Theorie«, die die Schlacht in der östlichen Hälfte des Teutoburger Waldes oder zwischen dem Teutoburger Wald und der Weser ansiedelte. Der erste Vertreter dieser Theorie war 1559 der bekannte Gelehrte Philipp

Melanchthon. Doch viel weitreichender war die Parteinahme des Paderborner Bischofs Ferdinand von Fürstenberg 1669. In Anlehnung an Tacitus' Bemerkung »SALTU TEUTOBURGIENSI« benannte er den bewaldeten Bergrücken Osning offiziell in »Teutoburger Wald« um. Der Name wiederum diente bald dazu, die Schlacht dort zu lokalisieren. So etwas nennt man einen Zirkelschluss. Aber es gab auch richtige Beweise. Als Friedrich Gottlieb Klopstock 1774 den »Teutoburger Wald« als Ort der Varusschlacht lokalisierte, berief er sich auf Fundmaterial: Schädel, Waffen und Münzen mit Abbildungen von Caesar und Augustus. Vom 19. Jahrhundert an machte man es sich jedoch einfach: Die Schlacht hieß von nun an ganz selbstverständlich »Die Schlacht im Teutoburger Wald«. Doch auch die »Nordtheorie« fand prominente Anhänger. Am nördlichen Rand von Wiehengebirge und Wesergebirge wurden immer wieder römische Münzen gefunden – Lokalgeschichtler, aber auch der Pionier der Römerforschung, Theodor Mommsen, lokalisierten hier die Varusschlacht.

Manche Dinge verbessern sich im Laufe der Zeit, werden klarer, übersichtlicher. Nicht aber der Versuch, Marschroute und Schlachtort der römischen Legionen unter Varus zu lokalisieren. Die Spekulationen nahmen kein Ende. 1983 zog der Altertumsforscher Wilhelm Winkelmann Bilanz: »700 Theorien gibt es über den Ort, wo die Legionen des Varus ihre bittere Niederlage erlitten – doch keine dieser Theorien führt zum Schlachtfeld.« Und das liegt vor allem daran, dass die römischen Autoren keine oder nur ungefähre Angaben zum Kampfort machten. Als einziger Ausweg aus diesem Dilemma bleiben uns die Schriften eines Historikers. Ausgerechnet der Autor, der den größten zeitlichen Abstand zu den Ereignissen hatte, macht die genauesten Angaben zum Ort und zum Ablauf der Ereignisse.

DER GENAUE CASSIUS DIO

Cassius Dio Cocceianus lebte von etwa 164 n. Chr. bis über das Jahr 229. Er war ein Geschichtsschreiber, der aus Bithynien (in Kleinasien) stammte und auf Griechisch schrieb. Allerdings machte er in Rom Karriere: Er wurde zweimal zum Konsul ernannt. Und er schrieb eine *Römische Geschichte* in sage und schreibe 80 Büchern – von den Anfängen der Stadt bis zum Jahr 229 n. Chr. Allerdings sind nicht alle Teile bis in unsere Zeit erhalten geblieben. Cassius Dio konnte für sein Werk nicht nur die 28 öffentlichen Bibliotheken Roms, sondern auch die Archive des Senats und des Kaiserhauses nutzen. Er beschreibt als Einziger, dass die Römer bereits Städte und Märkte in Germanien errichtet hatten. In einem langsamen Wandlungsprozess sollten sich die Germanen an römische Lebensweise gewöhnen. »Sie merkten kaum, dass sich ihr Wesen wandelte.« Doch dann kam Varus und machte alles mit seiner Taktlosigkeit zunichte. Er wollte zu schnell römisches Recht und römische Steuern in ganz Germanien einführen, die Germanen allerdings gingen nur zum Schein darauf ein.

Bei dieser Schilderung macht Cassius – als Einziger neben Tacitus – eine Ortsangabe: »Die Germanen veranlassten Varus, fernab vom Rhein, in das Cheruskische und auf die Weser hin

zu ziehen.« Dort errichtete er ein Sommerlager und die Germanen wiegten ihn in trügerischer Sicherheit. Wie es dann zur Katastrophe kam, darüber berichtet Cassius ganz anders als Velleius, Tacitus und Florus. Die haben die Ereignisse immer nur angedeutet: Varus befand sich mit seinen Truppen im Lager und hielt dort Gericht über Germanen. Während eines dieser Richttage wurde das Lager überfallen und ein Teil der Legionen dabei getötet. Der andere Teil des Heeres wurde in einem zweiten Lager oder in einer Art Rückzugsfestung angegriffen und vernichtet.

CASSIUS DIO

Cassius Dio war ein aus Bithynien stammender Geschichtsschreiber, der sein Werk 150 bis 200 Jahre nach den Ereignissen verfasste, er liefert die mit Abstand ausführlichste Schilderung der Kämpfe.

Cassius Dio dagegen schildert die Ereignisse so: Varus verlässt mit seinen Truppen das Sommerlager. Sie weichen von ihrer Rückmarschroute ab, um den angeblichen Aufstand eines Germanenstammes zu beenden. Aber diese Geschichte hat der listige Arminius nur erfunden, um das Heer in einen Hinterhalt zu locken. Cassius schreibt, dass die Kämpfe entlang der Fluchtroute der Römer an vier Tagen stattfanden – und in einem bitteren Finale endeten. Die noch zahlreicher gewordenen Germanen stellten den Römern einen Hinterhalt und metzelten sie nieder.

Aber wie zuverlässig ist Cassius Dios Schilderung? Auffällig ist beispielsweise die Beschreibung der Landschaft. »Das Gebirge war voll Schluchten und Unebenheiten, und die Bäume standen so dicht und waren so übergroß, dass die Römer sich abmühten, die Bäume zu fällen, Wege zu bahnen und Dämme zu bauen.« War die Region zwischen Lippe und Weser wirklich so unzugänglich? Es gibt Geografen und Geologen, die sich mit der antiken Landschaft beschäftigen. Und die sagen: Nein – es ist wieder eine römische Übertreibung.

Tatsächlich verteilten sich in Germanien Höfe und Siedlungen frei in der Landschaft. Sie wurden nicht durch befestigte Straßen verbunden, sondern durch Trampelpfade. Je häufiger diese benutzt wurden, desto breiter wurden sie. Ein ganzes Netz von Trampelpfaden durchzog das Land. Trotzdem war es verwirrend für Ortsfremde – denn die Wege führten nicht geradewegs von West nach Ost, sondern schlängelten sich von Hof zu Hof durch die Landschaft. Außerdem waren die Pfade häufig nicht breit genug für die römischen Ochsenkarren. Aber mit Sicherheit mussten sich die Römer keinen Weg durch das Unterholz schlagen, sonst hätten sie ja Monate für ihren Weg benötigt. Ihre Pioniere mussten nur den Weg verbreitern und Schlammlöcher auffüllen.

WAS SUCHEN WIR – WENN WIR UNS AUF CASSIUS DIO VERLASSEN?

Die Route, die Varus und seine Legionen im Jahr 9 n. Chr. nahmen, führte vom Basislager ziemlich genau Richtung Osten zum Sommerlager, von dort im Herbst erst auf dem gleichen Weg zurück, dann knickte die Strecke jedoch stark ab, vermutlich in Richtung Nordwesten. Das Basislager war mit großer Sicherheit Haltern. Von dort ging es die Lippe entlang – bis an die Weser bei Minden? Seit Jahrzehnten wird das Sommerlager gesucht, leider vergeblich.

DAS EIGENTLICHE GESCHEHEN

Immerhin über etwas herrscht in allen antiken Berichten Einigkeit: Im Sommer 9 n. Chr. befand sich Varus mit seinen Soldaten, seinem Berater Arminius und den von diesem befehligten Hilfstruppen in einem Lager, das im Cheruskerland lag. Mit diesem Sommerlager kann aber nicht Haltern gemeint sein, weil es zu weit westlich liegt, und Anreppen war zu dieser Zeit schon aufgegeben worden. Varus hielt in diesem Sommerlager Gericht und schätzte dabei die Lage grundlegend falsch ein: Er glaubte, die Germanen hätten sich mit der römischen Herrschaft abgefunden und unterwürfen sich dem römischen Recht. Außerdem vertraute er blind seinem germanischen Berater Arminius und verließ sich auf die Kampfkraft seiner drei Legionen, die als die besten des römischen Heeres galten. Doch Arminius trieb ein doppeltes Spiel und griff die Legionen entweder im Sommerlager selbst oder auf dem Rückweg ins Winterlager an. Allen Berichten gemeinsam ist das Urteil: Schuld an der ganzen Misere ist vor allem Varus, aber auch die Götter scheinen gegen die Römer Partei ergriffen zu haben.

Wenn doch wenigstens ein Marschlager gefunden würde! Aber was können wir vom Marsch der Varuslegionen denn überhaupt finden? Die Soldaten marschierten im Durchschnitt 15, maximal 20 Kilometer am Tag, war das Gelände schwer passierbar, schafften sie weniger. Moment mal – mehr schafften die Soldaten auch auf ebener Strecke nicht? Für 15 Kilometer benötigt ein durchschnittlicher Wanderer gerade einmal drei Stunden. Nein, weiter kamen die römischen Legionäre in der Regel nicht an einem Tag, das lag vor allem an ihrer Ausrüstung. Was musste ein römischer Legionär auf dem Marsch alles bei sich haben? Die Bekleidung der Soldaten bestand aus vier Teilen: einem Untergewand aus Leinen, einer Wolltunika, einer Lederweste und einem Halstuch. Je nach Wetter wurden einzelne Teile weggelassen. An den Füßen trugen die Römer Militärsandalen. Mit heutigen Sandalen hatte dieses Schuhwerk nur gemeinsam, dass die Füße Luft bekamen – die Römer hielten sich ja überwiegend in den warmen Ländern rund ums Mittelmeer auf. Ansonsten bestand eine Militärsan-

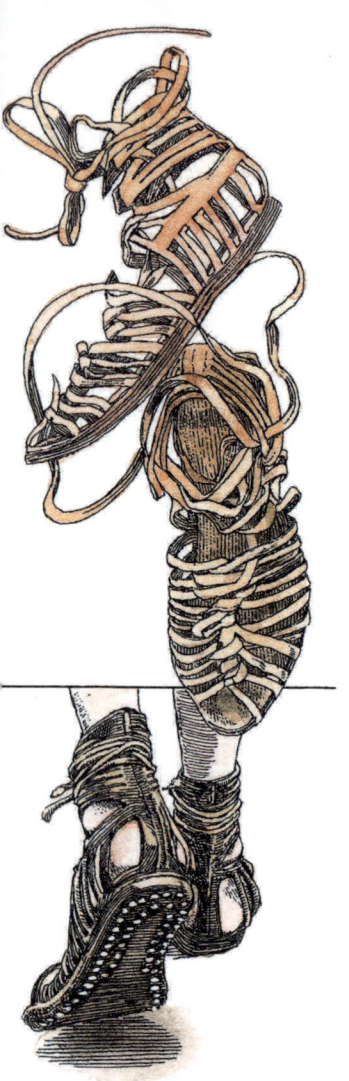

dale aus schwerem und robustem Leder, war über knöchelhoch und die Sohle wurde von 120 Eisennägeln verstärkt, damit sie sich nicht so schnell abnutzte. (Genagelte Sohlen waren übrigens bis weit ins 20. Jahrhundert hinein verbreitet.) Für die langen Märsche der Legionen waren diese Ledersandalen ideal. Dazu kamen noch Rüstung und Waffen, bei einfachen Soldaten vor allem das eiserne Kettenhemd, der Helm, ein großer Schild aus Holz und Leder, ein Dolch und ein Schwert und ein oder zwei Speere.

Kleidung, Ausrüstung und Waffen wogen schon mindestens 30 Kilogramm. Außerdem führten die Soldaten einen Sack mit sich, der an einer Stange über der Schulter getragen wurde. Darin befanden sich neben den Essensrationen für rund drei Tage eine Feldflasche mit Wasser, ein Kochtopf und ein paar persönliche Gegenstände: ein Talisman, vielleicht Schmuck oder ein Spiel. Außerdem mussten die Soldaten natürlich irgendwo ihren Geldbeutel unterbringen. Ohne ihren Sold hätten sie unterwegs hungern müssen. Das alles konnte noch einmal 20 Kilogramm wiegen.

Märsche mit sperrigen Waffen und bis zu 50 Kilogramm Last waren mit Sicherheit keine vergnüglichen Spaziergänge. Und am Ende solch eines Wandertages fing die Schufterei erst richtig an. Wenn der Befehlshaber die Trompeten blasen ließ, dann hatten sie ihr Nachtlager erreicht. Die Pioniere maßen im Gelände ein großes Rechteck aus, Bäume wurden gefällt, das Areal eingeebnet, und dann griffen die Soldaten zu Hacke und Spaten, hoben einen Graben aus und errichteten einen Schutzwall.

Wie viele Marschlager hat es wohl ungefähr auf der Route zu Varus' Sommerlager gegeben? Von Haltern bis zur Weser sind es rund 150 Kilometer, das entspricht acht bis zehn Tagesmärschen, es dürfte also ebenso viele Marschlager gegeben haben. Und dann lagen vielleicht noch zwei oder drei Marschlager an der abweichenden Route. Zehn, vielleicht sogar 13 Marschlager mag es gegeben haben, sind die noch auffindbar? Die großen Rechtecke der Gräben hinterlassen Spuren, auch wenn sie wieder zugeschüttet wurden. Diese Spuren sind auch noch nach Jahrtausenden besonders gut aus großer Höhe erkennbar, deshalb werten die Archäologen auch Luftbilder aus. Kleine Vertiefungen oder Anhöhen im Erdreich bilden besonders in den Morgen- und Abendstunden aus der Höhe gut erkennbare Schatten.

Aber auch vollkommen im Erdreich verschwundene Baumaßnahmen sind häufig aus der Luft erkennbar, an Farbunterschieden im Boden und am Pflanzenwuchs. Über aufgefüllten Gräben wachsen Rasen oder Getreide höher, weil der Boden dort luftiger ist als in der Umgebung. Und über steinigem Untergrund (Mauerwerk) reifen die Pflanzen schlechter und welken schneller als in der Umgebung. Auf diese Weise wurden in den letzten Jahrzehnten in vielen anderen Regionen neue Funde gemacht: das Römerlager in Hedemünden, die Römersiedlung Waldgirmes in Hessen, selbst entlang der Ems wurden etliche Spuren der römischen Feldzüge unter Drusus, Tiberius und Germanicus entdeckt. Aber in der Region, die für den Marsch von Varus infrage kommt? Dort fällt die Bilanz nüchtern aus – trotz intensiver Suche, auch mit Luftbildern und Infrarotaufnahmen: keine Marschlager, keine Römerwege, keine Schlachtfelder.

»700 Theorien gibt es über den Ort der Varus-Niederlage, doch keine führt zum Schlachtfeld«, hatte 1983 Wilhelm Winkelmann die Lage zusammengefasst. Wollte er damit nicht einfach sagen: Die Suche ist völlig aussichtslos? Doch damit hatte er nicht ganz Recht. Eine heiße Spur gab es – nur wollten die Experten diese noch nicht sehen. Es war wie in einem guten Krimi. Die Spur war für jedermann sichtbar, aber niemand nahm sie wahr. Weil jeder in seine eigene Theorie verliebt war. Es musste erst ein tatkräftiger britischer Offizier 1987 den Schauplatz betreten.

6. Kapitel

Die Suche an der richtigen Stelle

Und worin wir der Frage nachgehen, warum das Schlachtfeld am Kalkriesen nicht schon 100 oder 200 Jahre eher erforscht wurde.

Osnabrück 1982, seit sieben Jahren ist Wolfgang Schlüter hier der Stadt- und Kreisarchäologe. Nun will er für einen wissenschaftlichen Aufsatz alle Fundstellen der Region aus der Zeit um Christi Geburt zusammenstellen. Immer wieder taucht dabei ein Gebiet auf: Die meisten Fundorte liegen nördlich, östlich und westlich des Kalkrieser Berges. Wenn er einmal Zeit hat, will er dieser Sache nachgehen. Schlüter schließt den Aufsatz, und dann kommen so viele andere Aufgaben auf ihn zu. Kalkriese bleibt liegen.

Im Sommerlager des Varus, 9. n. Chr. Der Statthalter von Germanien hält Gericht und lässt Steuern eintreiben. Hält sich Arminius in dieser Zeit im Lager auf? Oder verschwindet er hin und wieder, um den Überfall auf die Legionen vorzubereiten? War Arminius zu dieser Zeit noch Präfekt einer Hilfstruppe?

Doch die wichtigste Frage lautet: Warum wechselte Arminius die Seite? Er hatte einen Teil seiner Jugend in Rom verbracht, er hatte den Rang eines Ritters erlangt. Er hatte sicher Freundschaften mit römischen Offizieren wie Velleius Paterculus geschlossen. Es gibt unterschiedliche Antwortmöglichkeiten, aber keine lässt sich belegen: Vielleicht wollte er sich dafür rächen, dass er im Kindesalter verschleppt worden war. Vielleicht wollte er die Germanen von einer ungerechten Unterdrückung befreien, denn Varus weitete die Rechtsprechung über die Germanen und die Erhebung von Steuern aus – beides aber lehnten die Germanen ab. Tacitus nennt Arminius den Befreier Germaniens, der sich auf Freiheit, Ruhm und Tradition berief. Vielleicht wollte er unbedingt zum ersten König der Germanen aufsteigen – ähnlich wie Marbod König der Markomannen war. Vielleicht aber stand am Anfang eine Revolte der germanischen Hilfstruppen, die sich dann zum erbitterten Kampf zwischen Römern und Germanen ausweitete.

Denn die Hilfstruppen wurden von den Römern wie Soldaten zweiter Klasse behandelt: Ständig wurden sie schikaniert und lächerlich gemacht. Dabei mussten sie die gefährlichsten Kampfeinsätze durchführen, die Drecksarbeiten erledigen. Für ihre Leistungen erhielten sie einen viel geringeren Sold als die Legionäre und wurden häufiger bestraft. Wie schon in Pannonien standen auch in Germanien die Hilfstruppen kurz vor einem Aufstand.

Und eine letzte Möglichkeit, Arminius' Verhalten zu erklären: Vielleicht war eine Liebesgeschichte der Grund. Wir haben ja schon gehört, dass er die schöne Thusnelda entführt hatte, deren Vater ein treuer Verbündeter der Römer war. Sagte sich Arminius nun von den Römern los, um sich dem römischen Recht zu entziehen?

EIN BRITISCHER OFFIZIER KOMMT, SUCHT UND FINDET

Osnabrück im Frühsommer 1987. Ein merkwürdiger Mann steht vor Wolfgang Schlüters Schreibtisch und sagt in einem Deutsch mit einem leichten britischen Akzent: »Ich möchte nach römischen Funden hier in der Gegend suchen!« Tony Clunn ist keiner der vielen Heimatforscher, er gehört nicht zu dem Kreis der 700 Theoretiker. Tony Clunn ist Engländer und von Kopf bis Fuß Soldat. Seit seinem 15. Lebensjahr dient er in der britischen Armee. Und in seiner Freizeit interessiert er sich für Schlachtfelder und Spuren der Römer. Im Sommer 1987 wurde der britische Offizier Clunn nach Deutschland versetzt, in die 2. gepanzerte Feldambulanz des medizinischen Korps der Royal Army, Standort Osnabrück. Einen Monat nach seiner Ankunft kannte er sich noch nicht richtig in der Stadt aus, aber er begann, sich als Hobbyarchäologe zu betätigen. Clunn kam, suchte und fand.

Wem gehören die antiken Dinge im Boden?

Während der längsten Zeit unserer Geschichte galt: Was die Menschen fanden, behielten sie und nutzten es für ihre Zwecke. Wir haben ja schon gehört: Die Grabsteine der Römer wurden von christlichen Mönchen als »Schmucksteine« verbaut; wenn man die gleiche Religion wie der Bestattete hatte, war es eine Sünde oder man hatte Angst, dass die mächtigen Geister der Verstorbenen sich dafür rächen würden. Doch die Gräber Andersgläubiger auszurauben wurde in der Menschheitsgeschichte zur Regel. So ließ der Gotenkönig Theoderich, der das Römische Reich im 6. Jahrhundert n. Chr. endgültig zerschlug, sogar gesetzlich regeln: Schätze von Gold und Silber, die in römischen Gräbern gefunden würden, hätten keinen Herren und wären deshalb »die Sachen von niemandem«. Heute gilt überall auf der Welt genau das Gegenteil: Alle historischen Güter auf und unter der Erde sowie im Wasser (das gilt bis drei Meilen vor der Meeresküste) sind automatisch Eigentum der jeweiligen Staaten, die über dieses Gebiet herrschen. Da in Deutschland Kulturfragen Aufgabe der Landesregierung sind, liegt die Verantwortung bei den jeweiligen Landesdenkmalämtern.

Wie wird man ein solch erfolgreicher Hobbyarchäologe? Überlegte Clunn, wo vielleicht Sommerlager und Marschroute der Legionen lagen? Nein, wahrscheinlich hätte er nie seine aufsehenerregenden Funde gemacht, wenn er mit einem solchen Plan im Kopf an die Arbeit gegangen wäre. Tony Clunn ging ganz pragmatisch vor: Wir hörten es schon, er nahm Kontakt zu den örtlichen Denkmalpflegern auf. Nicht nur, weil man ihm dort mit Ratschlägen helfen konnte. Er holte sich eine Genehmigung für seine Suche. Denn wer ohne Erlaubnis nach antiken Schätzen im Boden gräbt, ist automatisch ein Raubgräber.

Tony Clunn wurde ehrenamtlicher Mitarbeiter der Archäologischen Denkmalpflege Osnabrück. Dann holte er seinen sehr empfindlichen Metalldetektor aus einem Umzugskarton und entstaubte ihn. Mit diesem Gerät hat er schon bei Schatzsuchen auf den Britischen Inseln gute Erfahrung gemacht. Doch wo sollte er beginnen? Er würde logischerweise da beginnen, wo bereits Funde gemacht worden waren. Gerade in der Archäologie gilt die Regel: Wo etwas ist, kann noch mehr sein. Wolfgang Schlüter riet ihm, 20 Kilometer nördlich von Osnabrück zu suchen – in der Umgebung des Kalkriesen. Bevor Clunn jedoch ins Gelände zog, studierte er ausführlich alte Karten und Schriften. Und bald hatte er eine geeignete Stelle entdeckt.

Moment mal – warum wurde das Schlachtfeld von Kalkriese nicht schon viel früher entdeckt, wenn es schon zahlreiche Funde, Karten und Schriften gab? In der Tat waren schon einige Sucher vor Clunn ganz dicht dran. Das erste Mal wird die Öffentlichkeit auf die Gegend um den Kalkriesen bereits im 17. Jahrhundert aufmerksam. Das Land gehört dem Grafen Heinrich Sigismund von Bar, dessen Familie auf dem Schloss

Barenaue lebt. Und der Graf ist ein weiser Mann, er weiß, dass seine Untertanen nicht unbedingt gehorchen, wenn es um den Fund von Gold und Silber geht. Deshalb lässt er verkünden: Wer Silber- oder Goldmünzen auf den Feldern findet und beim Grafen abliefert, erhält eine großzügige Belohnung. Das funktioniert. Im Laufe der Zeit legt der Schlossherr eine stattliche Sammlung von römischen Münzen an. Bereits 1716 wird diese Sammlung in einem Buch erwähnt – allerdings ohne Rückschlüsse auf die Varusschlacht. 1768 schreibt der Gelehrte Justus Möser über die Münzen: »Immer wieder finden Bauern römische Münzen, wenn sie beim Kalkriesen Plaggen stechen. Und keine dieser Münzen ist jünger als die Zeit des Kaisers Augustus.« Die Varusschlacht selbst lokalisierte er allerdings nahe bei Osnabrück. Doch diese Erkenntnisse wurden von einem großen Denkmal beiseitegefegt.

KLEINER PROFESSOR GEGEN GROSSES DENKMAL

1871 wurde aus den vielen deutschen Kleinstaaten endlich das geeinte Deutsche Reich gegründet. Da konnte man einen historischen Nationalhelden gut gebrauchen. Und so wurden Fakten geschaffen: Der Cherusker Hermann wurde für seine Tat, die Römer aus Germanien vertrieben zu haben, mit dem großen Denkmal im Teutoburger Wald geehrt. Denn dort hatte ja laut Tacitus die Schlacht stattgefunden. (Wir dagegen wissen ja schon: Der Bergrücken Osning war erst im 18. Jahrhundert aufgrund von Tacitus' Bemerkung in »Teutoburger Wald« umbenannt worden.)

Moment mal – auf einmal war der Cherusker Hermann der große Held? Ja, nicht nur der Waldrücken Osning hat einen Wandel durchgemacht, sondern auch unser großer Germanenführer. Im 16. Jahrhundert

MISTRECYCLING À LA MITTELALTER – PLAGGEN STECHEN

Plaggen stechen, auch Plaggenesch genannt, ist eine besondere Form der Felddüngung, die im Mittelalter praktiziert wurde. Aus dem Rasen wurden rechteckige Stücke mit Wurzeln und der daran hängenden Erde herausgeschnitten. Mit diesen Rasensoden wurde der Stallboden ausgelegt. Die Haustiere wie Rinder und Schafe fraßen die Pflanzen ab und düngten mit ihren Ausscheidungen die Rasensoden. Diese wurden nach einiger Zeit wieder auf die Felder gebracht. So wurden die Felder auf natürliche Weise gedüngt und konnten jedes Jahr aufs Neue bewirtschaftet werden. Für die Archäologen hatte das den wunderbaren Nebeneffekt: Über den Bodenschichten der römisch-germanischen Zeit bildete sich im Laufe des Mittelalters eine richtige Schutzschicht.

HERMANNSDENKMAL

Das Hermannsdenkmal ist eines von vielen National-
denkmälern, die in Deutschland im 19. Jahrhundert
errichtet wurden. Es ist insgesamt 53,46 Meter hoch: Der
Sockel ist mit 26,89 Metern einige Zentimeter größer als
die 26,57 Meter hohe Hermann-Figur. Er ist aus Sandstein
gehauen und sieht wie ein Ringtempel aus. Die Figur
selbst besteht aus einer Eisenrohrkonstruktion, auf der die
gehämmerten Kupferplatten angebracht wurden.
Ernst von Bandel hat Hermann so dargestellt, wie man ihn
sich im 19. Jahrhundert vorstellte. Der stämmige und
bärtige Mann sieht aus, als hätte er eine Hauptrolle in
einer Wagner-Oper. Das liegt vor allem an seinem
mächtigen Flügelhelm, der im Kampf sehr unpraktisch

gewesen wäre: Der Träger wäre damit überall hängen
geblieben. Und die Flügel hätten den Schwerthieb eines
Gegners eingefangen und direkt auf den Kopf des Trägers
geleitet. Auf seinem Schild steht: »Treuefest«. Der rechte
Arm ist emporgereckt und hält das Schwert hoch, zum
Zeichen des Sieges. Allein das Schwert ist sieben Meter lang
und wiegt 550 Kilogramm. Ganz oben, auf der Klinge,
sind zwei Sprüche eingraviert. Auf der Vorderseite steht:
»Deutsche Einigkeit, meine Stärke!« Auf der Rückseite:
»Meine Stärke, Deutschlands Macht!« Das könnte aber nur
jemand lesen, der mit einem Heißluftballon langsam an
der Statue vorbeigleitet!

mochte man den Namen Arminius nicht mehr – das war ja der römische Name des germanischen Helden, sein ursprünglicher germanischer Name wurde nicht überliefert. Macht nichts, sagte man sich, wir nennen ihn Hermann – was so viel bedeutet wie »Mann des Heeres« oder »Ehren-Mahner«. Manche behaupten, der Reformator Martin Luther persönlich sei der neue Namensgeber gewesen, aber auch das ist nicht sicher.

Und es war der Bildhauer Ernst von Bandel, der sich die große Lebensaufgabe stellte: Ich will dem großen deutschen Nationalhelden Hermann, dem Deutschen Reich und mir selbst ein Denkmal setzen. 1838 fing er damit an. Er hatte große Pläne, aber einen kleinen Geldbeutel. Das Grundstück stellte glücklicherweise der Fürst von Schaumburg-Lippe zur Verfügung. Im südlichen Teutoburger Wald gibt es eine weithin sichtbare Anhöhe. Auf der Kuppe des 386 Meter hohen Teutberges wurde schon vor Urzeiten eine Kultanlage errichtet – hier und nirgendwo sonst sollte es stehen, das Denkmal. Überall in Deutschland entstanden Hermann-Vereine, die eifrig Gelder sammelten.

Acht Jahre lang schlug Ernst von Bandel aus einem Sandstein den Denkmalsockel. Als er damit fertig war, hatte er 4000 Taler Schulden – eine große Summe. Um 1846 sah es dann sogar so aus, als ob das Projekt unvollendet bleiben würde. Von Bandel musste nach Hannover ziehen, um dort mit seiner Arbeit Geld zu verdienen. Erst nach der deutschen Einheit 1871 kam der lang ersehnte Durchbruch. Das Deutsche Reich unterstützte das Projekt und Kaiser Wilhelm I. persönlich gab eine Spende aus seinem Privatvermögen dazu. Nun begann Ernst von Bandel zu hämmern, damit Kupferplatte für Kupferplatte die Gestalt seines Hermanns annahm. Es kostete ihn seine letzten Kräfte. 1875 wurde das Denkmal eingeweiht, ein Jahr später starb der Künstler. Doch das Denkmal stand noch keine zehn Jahre, da rief ein Professor: »Moment mal, die Varusschlacht war aber ganz woanders!«

Am 15. Januar 1885 hielt der Professor für Alte Geschichte Theodor Mommsen vor der Preußischen Akademie der Wissenschaften in Berlin seinen Vortrag »Die Örtlichkeit der Varusschlacht«. Darin zog er die Schlussfolgerung: »Meines

Erachtens gehören die in und bei Barenau gefundenen Münzen zu dem Nachlass der im Jahre 9 n. Chr. im Venner Moor (gegenüber dem Kalkriesen) zugrunde gegangenen Armee des Varus.« War das nur die kauzige Bemerkung eines Professors?

Damit wir diese Aussage einschätzen können, müssen wir kurz nachhaken: Wer war dieser Mann, Theodor Mommsen? Und eins vorweg: Genies müssen keine netten Menschen sein. Das gilt besonders für einen kauzigen Gelehrten wie Theodor Mommsen. Er sah aus wie der typische »zerstreute Professor«: klein, eine dicke Hakennase, auf der eine Brille thronte, unordentliches Haar. Und er hatte eine sehr böse Zunge: Alle waren sie dumm, besonders seine Kollegen – »Piepmeier« und »Kleinmichel« nannte er sie. Und auch für die Suche nach dem Ort der Varusschlacht hatte er nur Spott übrig: »Diese verdrießlichen Ortsgelehrten füllen mit ihren patriotischen Zänkereien doch nur die kleinen und großen Klatschblätter und erheitern die Zuschauer mit ihren Kirchturmkontroversen!« Der persönliche Umgang mit ihm gestaltete sich schwierig. Das spürten selbst seine Freunde, wie der Historiker Georg von Wyß: »Schade nur, dass der Mann ein geschliffenes Messer ist, das man sich ordentlich hüten muss ungeschickt anzufassen.«

Doch dieser schwierige Mann öffnete der Römerforschung in Deutschland Tür und Tor. Mommsen wuchs in einem ärmlichen Pfarrhaus in Garding auf. Der Vater vermittelte seinen vier Söhnen eine solide Bildung und eine deutsch-nationale Gesinnung – denn Schleswig und Holstein gehörten zu dieser Zeit noch zum Königreich Dänemark. Mommsen studierte Jura, und obwohl er gegen die dänische Regierung eingestellt war, gewährte diese ihm 1844 ein Reisestipendium.

Mommsen fuhr für drei Jahre nach Italien. Eigentlich wollte er sich mit Inschriften von Gesetzestexten beschäftigen, doch es fehlte eine umfassende und zuverlässige Sammlung aller römischen Inschriften. Also widmete sich Mommsen dieser Aufgabe, teilweise zog er mit einer Leiter durch die Gegend, da die Texte häufig hoch an Gebäuden und Brücken angebracht waren. Mit diesem *Corpus Inscriptionum Latinarum*, dem Verzeichnis lateinischer Inschriften, wurde aus dem Juristen der Historiker Mommsen. Er folgte dem Motto: Zurück zu den Quellen. Ein wichtiger Schritt, denn die meisten Historiker beschäftigten sich nur mit Büchern. Aus Büchern wurden neue Bücher, alle schrieben und schreiben oft bis heute voneinander ab. Und wie bei dem Stille-Post-Spiel nisten sich kleine Fehler ein und werden immer größer. Deshalb ist dieser Schritt zurück zu den Inschriften so wichtig. Die waren dort seit 2000 Jahren eingemeißelt – unveränderlich. Und es war der erste Schritt zu einer Archäologie der Römerzeit in Deutschland.

Mit Mommsens beruflicher Karriere ging es auf und ab. Er erhielt eine Professur für Römisches Recht in Leipzig und verlor sie wieder, weil er für die Demokratie demonstrierte. Er musste einige Jahre ins Ausland, bevor er wieder als Wissenschaftler in Preußen Fuß fassen konnte. Und er schrieb dicke Wälzer: ein dreibändiges Grundlagenwerk *Römisches Staatsrecht* und eine fünfbändige *Römische Geschichte*, für die er sogar 1902 den Literaturnobelpreis erhielt.

Als er von den zahlreichen römischen Münzfunden im Umfeld des Kalkrieser Berges hörte, schickte er einen Mitarbeiter dorthin, der für Mommsen alle Informationen und Unterlagen vor Ort sammelte. Und am Ende der Suche war der Historiker davon überzeugt, dass hier die Varusschlacht stattgefunden hatte. Die Schlacht, die Mommsen in seiner »Römischen Geschichte« als »Wendepunkt der Völkergeschicke« gewertet hatte. Doch mit seiner Theorie konnte Mommsen die Fachwelt nicht überzeugen. Für einen wissenschaftlichen Beweis reichten die wenigen römischen Münzen nicht aus.

Wo waren die Waffen und Ausrüstungen der Römer, wo die Kampfspuren, wo die Beweise für die Anwesenheit von Germanen? Außerdem: Gold- und Silbermünzen befinden sich nicht unbedingt im Geldbeutel der einfachen Soldaten. Wenn schon, dann müssten haufenweise Kupfer- und Bronzemünzen gefunden werden. So argumentierten die Kritiker damals. Historiker und Hobbyforscher wandten sich wieder den römischen Autoren zu und entwickelten eifrig neue Theorien und Pläne. Wurde damals eine Chance verspielt, weil die Spur nicht weiterverfolgt wurde?

Nein, die Archäologie war noch nicht so weit, um eine so gigantisch große Fläche wie ein Schlachtfeld absuchen zu können, denn es liegen ja nur einige Münzen hier, einige Ausrüstungsteile dort. Und das alles tief in der Erde. Nur wenn man viel Glück hat, transportiert der Pflug eines Bauern einzelne Fundstücke an die Erdoberfläche. Wo sollte man mit Hacke und Schaufel anfangen zu graben? Die Forscher hätten ja den Boden des ganzes Umlandes durchwühlen müssen, um etwas zu finden. Es fehlten alle technischen Möglichkeiten, Funde im Boden aufzuspüren – 100 Jahre später sah die Sache für Tony Clunn schon ganz anders aus.

Im Herbst 9 n. Chr. lässt Varus das Sommerlager abbrechen, um mit seinen Legionen zum Winterquartier zurückzukehren. Eine Marschkolonne von einigen Kilometern Länge schlängelt sich durch die Region zwischen Weser und Lippe: Die drei Legionen, drei Reitereinheiten und sechs Kohorten Hilfstruppen umfassen rund 20000 Soldaten, dazu kommen noch 10000 Frauen, Kinder, Helfer und Sklaven sowie unzählige Lasttiere. Es regnet in Strömen, und der Zug kommt nur langsam voran. Sicher hinterließen sie eine breite Furche im Boden, Gepäck ging verloren, einzelne Wagen mussten vermutlich aufgegeben werden. Doch wie eine Geisterarmee gibt es von ihnen keine auffindbaren Spuren.

Sommer 1987. Die römischen Münzen, die in den vergangenen 400 Jahren im Umkreis des Kalkriesen gefunden wurden, sind während der Wirren des Zweiten Weltkriegs leider verloren gegangen. Doch die Karten und Berichte über ihre Fundstellen kamen Tony Clunn wie gerufen. Er witterte eine Chance, allerdings hatten die Unterlagen eine Schwäche: Sie waren alt, Clunn benötigte möglichst exakte, also aktuelle Angaben. Denn eine Angabe, die einige Jahrhunderte alt ist, nützt wenig. Alles sieht dort inzwischen anders aus: Die Städte sind gewachsen, alte Straßen sind neuen gewichen und selbst die Flüsse haben in den Jahrhunderten ihren Lauf geändert.

Doch dann erfuhr Clunn von einem Fund aus dem Jahr 1963. Und zu diesem Fund gab es eine exakte Ortsangabe. Ein Feld am Rande der »Alten Heerstraße« bei »Lutterkrug«. Alte Straßen verändern ihren Lauf selten – manche heutigen Landstraßen folgen noch immer den Routen, die in der Römerzeit angelegt wurden. Die Alte Heerstraße gab es 1987 noch und auch die angeführte Wegkreuzung bei Lutterkrug. Clunn fuhr mit Wolfgang Schlüter dorthin, und gemeinsam machten sie einen Augenzeugen der damaligen Münzfunde ausfindig. Die Münzen selbst waren zwar irgendwie verschwunden, doch der Bauer zeigte den beiden Forschern das betreffende Feld und die ungefähre Stelle der Funde. Wenige Tage später machte sich Clunn ans Werk. Wo sollte er beginnen? An einer markanten Stelle. Clunn erkannte eine leichte, lang gestreckte Erhebung im Feld. Das konnte ein ehemaliger Weg sein. Genau, was er suchte. Denn Wegränder entpuppen sich immer wieder als gute Fundorte. Er begann, seinen Metalldetektor hin und her zu schwenken.

Doch was kann man damit überhaupt finden? Der Metalldetektor spürt, wie sein Name schon sagt, metallene Gegenstände im Boden auf. Aber nur solche, die groß genug sind und die in der oberen Schicht des Bodens liegen – bis zu etwa 25 Zentimeter Tiefe bei einem dichten Boden wie einem Feld, etwas tiefer an einem Sandstrand. Die obere Bodenschicht war hier leider genau der Bereich, der ständig vom Pflug der Bauern umgewühlt wurde. Das heißt: Wenn man auf den Feldern etwas findet, heißt es noch lange nicht, dass es auch vor 2000 Jahren dort verloren ging. Es kann im Laufe der Zeit vom Pflug immer weiter transportiert worden sein. Außerdem war hier seit über 20 Jahren kein römischer Fund mehr entdeckt worden. All das wusste Clunn – aber er machte sich trotzdem ans Werk. Die ersten Wochen fand er vor allem Flaschendeckel und Silberpapier von Zigaretten- und Schokoladenpackungen.

5. Juli 1987, kurz vor 14 Uhr. Tony Clunn kann sich noch an jede Kleinigkeit dieses Moments erinnern: »Ich schwenkte meinen Metalldetektor über das kleine Loch, das ich gegraben hatte, und noch einmal hörte ich das klare

Metalldetektoren – Segen und Fluch der Archäologen

Metalldetektoren erleichtern den Archäologen die Arbeit ganz gewaltig. Aber was Archäologen mit ihrer Hilfe können, können andere eben auch. Metalldetektoren gibt es zwar nicht in jedem Baumarkt, aber doch im Versandhandel. Jeder, der einen Metalldetektor haben will, kann einen bekommen. Manchen Menschen macht es Spaß, am Meeresstrand nach verlorenen Uhren und Münzen zu suchen. Andere dagegen wollen damit wirklich kostbare antike Schätze aufspüren: Münzen aus der Römerzeit, Silberhorte der Wikinger oder auch nur sogenannte Militaria – Waffen, Munition oder Ausrüstungsgegenstände des letzten Krieges. Obwohl das verboten ist, gibt es Schatzsuchebücher und Internet-Seiten, die angeben, was man wo und wie finden kann. Ganz Skrupellose besorgen sich Karten der Landesdenkmalämter und suchen dann bei Nacht und Nebel mögliche archäologische Stätten mit ihrem Metalldetektor ab. So wurde beispielsweise die Himmelsscheibe von Nebra gefunden, die Bronzescheibe mit der bislang ältesten Darstellung des Sternenhimmels. Doch als die Raubgräber ihre Hehlerware verkaufen wollten, stellte ihnen die Polizei eine Falle.

doppelte Klingeln in meinem Kopfhörer, das auf einen massiven runden Gegenstand hinweist.« Aber in dem Loch konnte er kein Metallobjekt entdecken. Er nahm die Erde, die er aufgewühlt hatte, in die Hand und ließ den Detektor noch einmal über dem Loch kreisen: »Kein Signal. Der Gegenstand, was auch immer es war, lag folglich in der Erde in meiner Hand.«

Er zerbröselte den Erdbrocken, und zum Vorschein kam ein römischer Denar – die Oberfläche der Silbermünze war zwar im Boden schwarz geworden, doch an einigen Stellen glitzerte sie silbrig. Und in den folgenden Stunden spürte Clunn noch zwei weitere Münzen auf. Als er die drei römischen Münzen in der Hand hielt, verhielt er sich genauso, wie sich jemand verhalten sollte, der in einem öffentlichen Papierkorb ein Bündel 500-Euro-Scheine entdeckt hat. Er hob seinen Fund ganz ruhig auf und schaute möglichst unauffällig nach links und rechts. Hatte ihn jemand beobachtet? Ja, da waren Spaziergänger unterwegs – keine 100 Meter entfernt! Und einige schauten ganz interessiert zu Clunn: Was macht der Kerl da mit diesem komischen Gerät auf der Weide? Ganz ruhig füllte Clunn die Löcher wieder mit Erde auf und legte die Grassoden darüber. In aller Ruhe notierte er die genaue Position seiner Fundstelle, verließ die Weide mit langsamen Schritten und verstaute seine Ausrüstung in seinem Auto. Die Spaziergänger hatten keinen Verdacht geschöpft und waren weitergezogen.

Clunn war ganz aufgeregt und wollte natürlich sofort den Kreisarchäologen Wolfgang Schlüter informieren. Aber der war für zwei Wochen in Urlaub gefahren. Also musste Clunn warten, bis Schlüter zurückkam. In der Zwischenzeit identifizierte er anhand eines Münzkatalogs seine drei Münzen: Es waren Silberdenare des Kaisers Augustus, geprägt in Lyon zwischen 2 v. bis 1 n. Chr. Und Tony Clunn suchte einfach an seiner Fundstelle weiter, barg nach und nach 105 Denare, Teile eines zerstreuten Hortes.

Nicht Münzen, ein paar »Bleibohnen« entzücken die Archäologen

Als Wolfgang Schlüter wieder im Land war, erfreute ihn der Fund außerordentlich. Doch die Wissenschaftler mussten in diesem Jahr eine Grabung am Osnabrücker Dom zum Abschluss bringen. Außerdem blieben er und seine Kollegen skeptisch – die Münzen schienen zu einem Hort zu gehören. Es fehlten aber immer noch eindeutige Spuren für eine Schlacht.

Ließ sich Clunn davon entmutigen? Nein, er war eben Soldat und »Mister Ausdauer« in einer Person. Er suchte noch den ganzen Herbst hindurch weiter und im folgenden Jahr, sobald das Wetter es wieder zuließ. Er fand im Laufe des Frühjahrs neben weiteren Münzen einige kleine Metallobjekte, die Teile römischer Rüstungen sein könnten – darunter drei ovale Bleistücke, die wie zu groß geratene Kaffeebohnen aussahen. Als Clunn kurze Zeit später seinen Fund beim Kreisarchäologen ablieferte, starrten die dort versammelten Wissenschaftler wie gebannt auf die Bohnen aus Blei: Schleudergeschosse! Mit dem Fund der ersten Waffen änderten die Experten ihre Meinung. Die systematische Suche konnte beginnen.

Moment mal – waren Bleigeschosse denn typisch für die römischen Truppen? Eigentlich denken wir bei den römischen Legionären an Schwerter, Schilder und Lanzen. Deshalb wollen wir uns doch einmal Ausrüstung und Waffen der Römer um die Zeitenwende ganz genau anschauen: Die römischen Legionäre waren mit drei Arten von Angriffs- und Verteidigungswaffen ausgestattet – und darüber gibt es viele Missverständnisse.

Verteidigungswaffen: Dazu gehörten vor allem Schild, Helm und die Körperrüstung. Der Schild der Legionen war rechteckig, stark gebogen und ziemlich schwer. Dabei bestand er nicht einmal aus Metallblechen, sondern aus mehreren Holzschichten, die von Leder überzogen waren. In der Höhe des Griffs befand sich auf der Vorderseite ein Buckel aus Eisen – damit konnten die Soldaten im Gerangel den Gegner verletzen.

EXPERIMENTELLE ODER ERLEBNIS- ARCHÄOLOGIE?

Der Versuch mit Pfeil, Bogen und Kettenhemden ist ein gutes Beispiel für eine echte Experimentelle Archäologie. Durch ihn erhalten Historiker und Archäologen neue Einsichten, wie verwundbar oder wie geschützt die römischen Soldaten waren. Doch manche Aktivität, die sich so nennt, ist wohl eher nur »Erlebnisarchäologie«. Wenn mit Gefäßen der Wikinger und nach ihren Methoden Bier (Met) angesetzt wird, dann ist das ein ganz neues Erlebnis für den, der es das erste Mal trinkt. Oder wenn sich Menschen einer sogenannten Reenactment-Gruppe (reenact = nachmachen) wie Römer kleiden, wie Römer speisen und Schlachten oder Gladiatorenkämpfe nachstellen, dann wird den Zuschauern ein Bild vom Alltag dieser Zeit vermittelt. Doch neue Erkenntnisse können die Archäologen daraus nicht mehr gewinnen.

Die Helme waren teilweise noch aus Bronze, es gab aber auch schon welche aus Eisen. Sie hatten eine runde Form, wie heutige Helme auch. Nur nach hinten waren sie länger, um den empfindlichen Nacken gegen Schläge zu schützen. Und an den Seiten waren Wangenschützer befestigt. Die waren mithilfe von Scharnieren hochklappbar, weil sie die Sicht einschränkten.

Kommen wir zur Körperrüstung: Richtige Brustharnische aus Metallschalen gab es zu dieser Zeit nur für Offiziere. Die Soldaten trugen Kettenpanzer. Diese hatten die Form eines ärmellosen T-Shirts und wurden an den Seiten von kleinen Schließen zusammengehalten. Es wurden aber auch schon sogenannte »Schienenpanzer« getragen: Sie bestanden aus Brustplatten und Blechstreifen, die mit Lederbändern oder Scharnieren miteinander verbunden waren und Brust, Rücken und die Schultern bedeckten. Diesen Schutz konnten die Soldaten ergänzen durch Schuppenpanzer, kleine Eisenschuppen, die auf der Unterkleidung festgenäht waren. Außerdem gab es noch Arm- und Beinpanzer, vergleichbar den Schienbeinschonern im Fußball. Nur wurden sie aus Metallplatten hergestellt und konnten mit Lederriemen an Beinen oder Armen befestigt werden.

Aber wie gut war diese Panzerung? Lohnte es sich aus Sicht der Soldaten eigentlich, diese schwere Rüstung über wochenlange Gewaltmärsche mitzuschleppen? Da es darüber keine zuverlässigen Aussagen bei den römischen Autoren gibt, ist dies ein klassischer Fall für die Experimentelle Archäologie.

Also fragten die experimentelle Archäologie: Was passiert, wenn ein Pfeil auf einen Menschen abgeschossen wird, der eine dicke Tunika mit einem Kettenhemd oder einem Brustpanzer darüber trägt? Pfeilspitzen, Kettenhemd und Panzer wurden nach Funden nachgebildet. Natürlich wurden die Pfeile nicht auf Testpersonen, sondern nur auf Zielscheiben geschossen, auf denen Teile von Brustpanzern oder Kettenhemden mit entsprechender Polsterung durch eine Tunika befestigt waren.

Ein Schienenpanzer von mindestens 1,5 Millimetern Dicke konnte nicht von den Pfeilen durchbohrt werden. Aber auch die Kettenhemden boten erstaunlich guten Schutz: Je nach Kraft des Bogens, der Entfernung zum Ziel und der Pfeilart

Kettenhemden und kurze Kämpfe!

Ben Hur und viele andere Römerfilme spielen in der Zeit um Christi Geburt. Und was sehen wir dort? Römische Soldaten, die mit einem bronzenen Brustpanzer gekleidet sind. Wir wissen ja mittlerweile, dass die einfachen Soldaten Kettenhemden trugen.

Genauso falsch ist die Darstellung stundenlanger Nahkämpfe. Das Abwehren und Austeilen von Schlägen und Stößen mit Lanze und Schwert dauerte in der Regel nur wenige Minuten. Spätestens nach 15 Minuten waren die Legionäre völlig erschöpft. Lange Schlachten bestanden hauptsächlich aus strategischen Manövern: Aufmarsch, Beschuss durch Distanzwaffen, Vorstöße und Rückzüge. Und erst recht falsch ist das Bild von Gladiatoren, die wie Bodybuilder gebaut waren. Auch in dem erst im Jahre 2000 gedrehten Film Gladiator wirken die Athleten wie aus dem Kraftraum: ohne ein Gramm Fett, sie sind Ästheten der Kampfkunst, essen Gulasch und tragen natürlich Sandalen. Tatsächlich jedoch ernährten sich die Gladiatoren fast ausschließlich vegetarisch – und sehr einseitig: Getreide und Bohnen, Bohnen und Getreide. Nur damit ließ sich ganz systematisch eine Fettschicht anessen. Und dieses Fett bildete dann beim Kampf eine biologische »Schutzweste«: Verletzungen blieben so häufig nur harmlose Schnittwunden und drangen nicht bis zu den Hauptschlagadern oder den inneren Organen vor. Dicke, wenig trainierte Vegetarier – die Realität bleibt wieder einmal weit hinter der Filmwelt zurück.

wurden die Geschosse zurückgehalten oder drangen nur wenig in den Schutz ein – bis zu drei Zentimeter. Da die Soldaten dicke Unterkleidung trugen, konnte es nur zu oberflächlichen Verletzungen kommen. Aber es gab eine Ausnahme: Pfeile mit einer besonders geformten Spitze – diese Spitzen gleichen einer vierkantigen Pyramide. Da sie dicker ist als der Pfeilschaft, reißt sie ein Loch ins Kettenhemd, durch das der Schaft dann ohne Reibungsverluste hindurchrutscht. Der Pfeil dringt weit in den Körper des Soldaten ein. Aber auch wenn die Pfeile die Kettenhemden nicht durchdrangen, konnte die Schlagenergie des Treffers dazu führen, dass der Getroffene vorübergehend kampfunfähig war oder sogar ernste Verletzungen der inneren Organe erlitt. Doch alles in allem ist klar: Mit Pfeil und Bogen konnten die Germanen die Römer nicht in großem Maße außer Gefecht setzen.

Nahkampfwaffen: Um die Zeitenwende war der GLADIUS, das zweischneidige Kurzschwert, die wichtigste Waffe im Nahkampf. Die Klinge des Schwertes war bis zu 60 Zentimeter lang und besaß eine besonders gehärtete Spitze. Der Griff bestand aus Holz und die Scheide aus dünnem Holz, das mit Bronze beschlagen und häufig verziert war. Außerdem führten die Soldaten meistens noch einen Dolch mit sich.

Distanzwaffen: Die wichtigste Waffe, um den Feind schon aus einiger Entfernung zu treffen, war die Wurflanze – das PILUM. Es bestand aus einem rund einen Meter langen Holzstab, auf dem der ebenfalls einen Meter lange Wurfspieß aus Eisen befestigt war. Gut geworfen, bohrte sich die viereckige Spitze der schweren Lanze mühelos durch Schilder und Schutzpanzer der Feinde. Beim Einschlag verbog die Eisenstange leicht – sie konnte nicht mehr aus dem Körper des Opfers gezogen werden.

Zu den Distanzwaffen der Hilfstruppen gehörten auch Pfeil und Bogen sowie Schleudern, mit denen Steine, gebrannte Tonstücke und eben »Schleuderbleie« abgeschossen wurden. Die Schleuder war die Vorläuferin der heutigen Zwille, starke Gummibänder gab es damals noch nicht. Die Schleuder bestand aus einem länglichen Stück Stoff, das an beiden Enden von Schnüren verlängert wurde. In den Stoff wurde ein Bleigeschoss oder ein Stein gelegt, die beiden Schnüre ergriffen, über dem Kopf herumgeschleudert und eine Schnur losgelassen.

Das erforderte viel Geschick und Erfahrung – doch die Wirkung war enorm: 40 Gramm Blei kamen mit großer Wucht angeschossen. Bei bis zu 50 Metern Entfernung verursachten sie böse Verletzungen, bis zu 300 Metern schmerzhafte Blessuren.

Zu den Distanzwaffen der römischen Legionen gehörten schließlich auch solche, die mithilfe größerer Geräte bedient wurden, in der militärischen Fachsprache »Artillerie«: Holzkatapulte sahen aus wie eine Armbrust, die auf einem Holzgestell befestigt war. Damit wurden Eisenspitzen in die gegnerischen Reihen geschossen. Und Wurfmaschinen, die große Steine auf Festungen abwarfen. Doch die Forscher bezweifeln, dass die Römer solche schweren Geräte bei ihrem Sommerfeldzug mitführten. Es gab ja keine germanischen Festungsanlagen.

Zurück zum Lutterkrug im Sommer 1988. Der Fund der kleinen Schleudergeschosse brachte den großen Durchbruch. Denn er besagte: Hier waren keine Münzen versteckt worden oder verloren gegangen. Hier hatten römische Hilfstruppen mit irgendwem gekämpft – und dabei hatten sie ihre Münzen verloren.

RÖMISCHE WAFFEN – GUTER SCHUTZ, ABER SCHWERE LAST

Wochen- oder gar monatelang mussten die Soldaten schwere Waffen und Ausrüstung mitschleppen, damit sie kurze Zeit ihren Dienst taten, und so viel wogen die einzelnen Ausrüstungsgegenstände:

Helm	2,0 kg
Kettenpanzer	12,0 kg
Gürtel	1,2 kg
Schild	10,0 kg
Schwert mit Scheide	2,2 kg
Dolch mit Scheide	1,1 kg
Wurflanze	1,9 kg
Gesamtgewicht	30,4 kg

DIE ARCHÄOLOGEN GEHEN UND GEHEN UND GEHEN

Nun waren die Archäologen bereit zu graben. Doch es gab ein großes Problem: Wo sollten sie anfangen? Dafür konnte nur ein kleines, begrenztes Areal infrage kommen. Denn auch wenn das Schlachtfeld vermutlich eine große Fläche bedeckte, konnte man nicht so einfach alle Äcker in kilometerweitem Umfeld umgraben und die umgegrabene Erde systematisch durchsuchen. Also begannen die Wissenschaftler gemeinsam mit Tony Clunn mit einem sogenannten Survey. Ein Survey ist eine Geländebegehung – viele Menschen stellen sich im Abstand

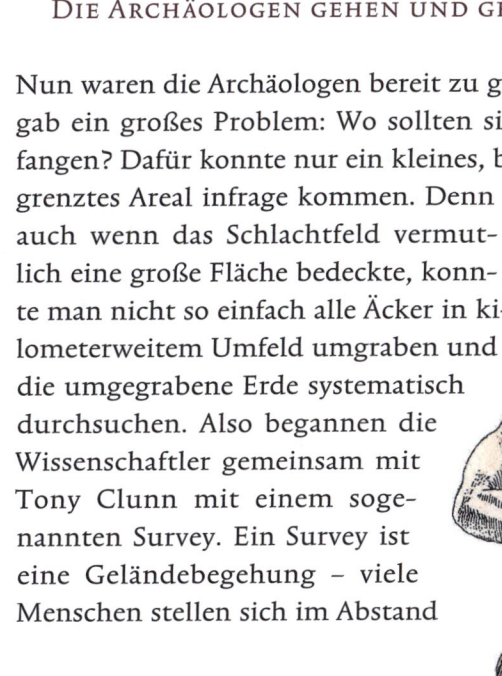

von wenigen Metern nebeneinander auf und gehen ein Gelände ab – wie bei der Spurensuche eines Kriminalfalls. Nur suchen sie beim Survey nach antiken Gegenständen, die an die Oberfläche gelangt sind, entweder durch Erosion oder durch die Landwirtschaft. Heute werden außerdem häufig Metalldetektoren eingesetzt – so lassen sich auch noch Metallobjekte in der oberen Erdschicht aufspüren. Und so gehen die Archäologen das Gebiet um den Kalkriesen systematisch ab. Das dauert das ganze Jahr 1988 bis in den Herbst 1989.

Dabei finden die Archäologen natürlich nicht nur römische Waffen und Münzen. Nein, die überwiegende Zahl der Funde stammt aus anderer Zeit. In einem Schaukasten im Varus-Museum ist solch ein Fund ausgestellt: verrostete Nägel, Hufeisen, Cremedosen, Zylinder, Bierdosen, vor allem aber viele Metallteile, die schon so verrostet sind, dass sich ihre ursprüngliche Form oder Funktion nicht mehr ausmachen lässt. Und doch tauchen in mehreren untersuchten Regionen so viele römische Funde auf wie sonst nur an den Plätzen früherer Römerlager oder römischer Siedlungen: Münzen, Waffen, Alltagsgegenstände.

Und alle diese Fundstellen liegen im Bereich der Kalkrieser-Niewedder Senke. Sie ist rund sechs Kilometer lang und bildet eine Art natürlichen Trichter. Im Norden wird er vom Großen Moor und im Süden vom Kalkrieser Berg begrenzt. An der schmalsten Stelle bildet er einen nur einen Kilometer breiten Engpass. Die Stelle, wo dieser Engpass an den Fuß des Kalkrieser Berges stößt, hat einen besonderen Namen: Oberesch. Hier finden die Archäologen besonders viele metallische Gegenstände. Damit steht der erste Grabungsort fest – doch würden die Archäologen hier auch wirklich die Spuren der Schlacht zwischen den Legionen des Varus und den Germanen des Arminius finden? Oder würden die Zeitungen bald schreiben: Wie konnten diese Forscher auch annehmen, dass ausgerechnet sie den Schlachtort finden, nach dem man in Deutschland seit Jahrhunderten sucht?

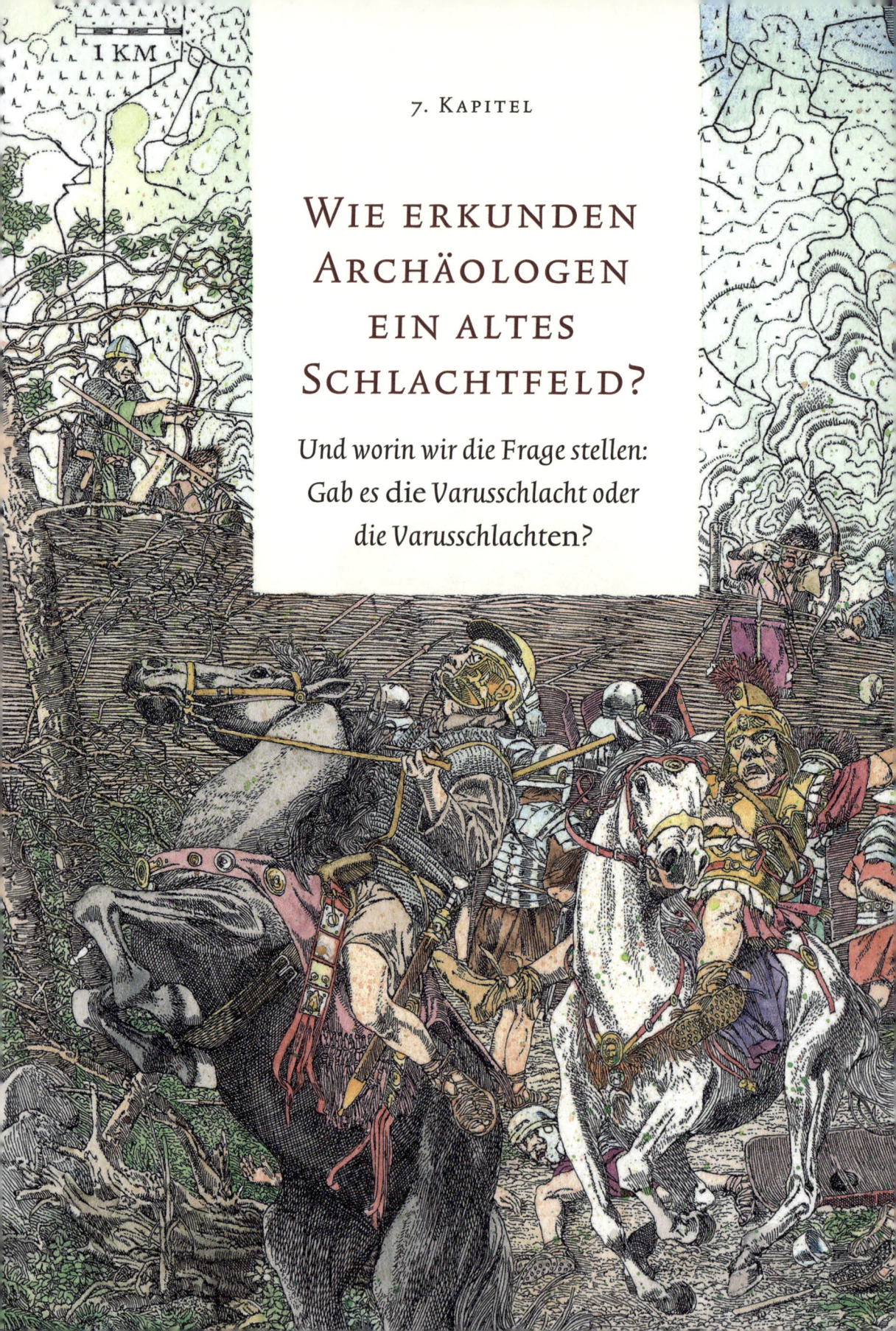

7. KAPITEL

WIE ERKUNDEN ARCHÄOLOGEN EIN ALTES SCHLACHTFELD?

Und worin wir die Frage stellen:
Gab es die Varusschlacht oder
die Varusschlachten?

WALL

N

Im Herbst 9 n. Chr. lässt Varus das Sommerlager, das man in der Nähe des heutigen Minden vermutet, abbrechen. Er marschiert mit seinen Legionen zum Winterquartier bei Haltern. Arminius hat sich in den letzten Wochen immer wieder von den römischen Truppen entfernt. Um möglichst viele Stämme für den Aufstand zu gewinnen, hat er deren Fürsten mehrfach besucht und überredet: Ja, sicherlich würden sie gewinnen! Natürlich würden sie große Beute machen! Vor allem müssten sie keine Demütigungen mehr durch die Römer erdulden! Nein, Rachefeldzüge würden die Römer so tief im barbarischen Hinterland nicht durchführen! Auf diese Weise ist es ihm offensichtlich gelungen, neben den meisten Stämmen der Cherusker auch die Chatten und Brukterer zu überzeugen. Ob Arminius zu dieser Zeit noch Offizier einer römischen Hilfstruppe ist und damit offenen Verrat an Varus begeht, wissen wir nicht. Aber das ist auch nicht entscheidend, auch die Römer bedienen sich bei jeder Gelegenheit aller Mittel der Täuschung und des Verrats, um ihre militärischen Ziele zu erreichen. Nur dieses Mal sind sie selbst die Getäuschten und Verratenen.

Herbst 1989. Sind sie diesen Geschehnissen auf der Spur? Das fragen sich der Osnabrücker Archäologe Wolfgang Schlüter und sein kleines Team, als sie genau 1980 Jahre später am Kalkriesen anfangen zu graben. Sie haben ihre Suche zwar zunächst auf das Gelände am Oberesch eingeschränkt, doch auch hier können sie nur einen kleinen Teil des Areals freilegen. Sie müssen sich entscheiden, wo sie ihre länglichen und mehrere Meter tiefen Suchgräben anlegen wollen. Dazu werten die Archäologen auch Luftbilder aus: Auf einem entdecken sie im Boden dunkle Flecken, einen schlangenförmigen und zwei Kreise. Das müssen Spuren menschlicher Tätigkeit sein.

Meistens ist es so, dass Mauern in der Erde das Wachstum der Pflanzen behindern – diese Stellen sehen aus der Luft heller aus als die Umgebung. Und über Gräben, in die Erde gefüllt wurde, wächst das Gras dichter – diese Areale bilden dunkle Stellen. Waren am Oberesch Gräben angelegt worden? Und was hatten runde Gräben auf einem Schlachtfeld zu suchen? Die Archäologen können auf keinerlei Erfahrungen zurückgreifen – Kalkriese ist das erste antike Schlachtfeld in Europa, das archäologisch erforscht wird.

Moment mal – woher wissen die Archäologen eigentlich, wie tief und mit welchen Hilfsmitteln sie graben müssen? Hier am Kalkriesen liegen die meisten römischen Funde in einer Tiefe von 50 bis 100 Zentimetern. Dafür verantwortlich ist die uns schon bekannte »Plaggenesch«. Weil die Bauern immer wieder Rasenstücke auf die Felder ausbrachten, wurden die römischen Objekte richtig schön überdeckt. Deshalb können Bagger die obere Erdschicht ohne Gefahr für die Funde abgraben. Erst dann setzen die Archäologen Schaufel, Hacke, Spachtel und Pinsel ein. Und bei jedem neuen Spatenstich fragen sich die Mitarbeiter: Sind sie an der richtigen Stelle? Hatten die Germanen die Römer genau hier in einen Hinterhalt gelockt?

WIE TIEF LIEGEN ANTIKE FUNDE IM BODEN?

Wie tief sich antike Objekte im Boden befinden, hängt nicht so sehr davon ab, wie lange die Funde schon dort liegen. Ein 8000 Jahre alter Ringtempel aus der Jungsteinzeit liegt in Mitteleuropa meistens nur 20 bis 50 Zentimeter tief. Das nur halb so alte Babylon in Mesopotamien (4200 Jahre alt) dagegen liegt 2000 Zentimeter (also 20 Meter) tief. Das hängt vor allem mit der sogenannten Erosion zusammen. Naturkräfte wie Hitze und Kälte sprengen selbst aus Bergen einzelne Gesteinsbrocken heraus. Das Regenwasser spült sie dann zusammen mit ausgeschwemmten Teilchen bergab. Diese Naturkräfte sind jedoch in den einzelnen Regionen unterschiedlich stark. Mitten in der Wüste beispielsweise herrscht kaum Erosion. In Palmyra in der Syrischen Wüste etwa stehen die Säulen der alten Tempel heute noch frei in der Landschaft. Die Erosionskräfte sind besonders an Berghängen und in Flusstälern wirksam, Siedlungen können hier über Nacht verschüttet werden. Trotzdem siedeln die Menschen gern dort, denn im Schlamm der Flüsse und im Geröll der Berge stecken Mineralien, die die Böden fruchtbar machen. Auch Babylon lag in einem Flusstal. Seit die Stadt aufgegeben wurde, wurde sie jedes Jahr vom Euphrat überschwemmt und mit immer neuen Schlammschichten bedeckt.

TAGEBUCH EINER AUSGRABUNG

Die Arbeit der Archäologen bewegt sich immer wieder zwischen Hoffen und Bangen. Das wird deutlich, wenn wir uns in Form eines Tagebuchs die wichtigsten Funde, größten Probleme und weitestreichenden Erkenntnisse der Jahre von 1989 bis 1996 ansehen:

+++ 1989: Erst spät im Jahr, am 4. September, beginnen die Ausgrabungen. Innerhalb weniger Wochen werden sechs Grabungsschnitte angelegt – doch die Ausbeute ist mager: ein paar Gewichte aus Blei und ein paar Spielsteine aus Glas. Einen weiteren Graben wollen die Forscher noch anlegen. Hier treten Tonscherben und Pfostenlöcher zu Tage – ein Gehöft aus der vorrömischen Zeit. Wo bleiben Spuren der Schlacht?

+++ 22. Dezember 1989: Zwei Tage vor Weihnachten: Eine vollständig erhaltene Pionieraxt der Römer wird gefunden!

+++ 12. Januar 1990: Nach der Weihnachtspause weitere bedeutende Funde: ein großer kugelförmiger Rostklumpen wird geborgen. Nachdem er vorsichtig gesäubert und restauriert

wurde, entpuppt er sich als das Prachtstück aller Funde: eine Gesichtsmaske aus Eisen mit Silberblechbeschlag, das Silberblech ist allerdings irgendwann abgerissen worden. Diese Maske wurde wohl eher zu Paraden als zum Kampf eingesetzt. Sie wird zum Wahrzeichen des Ausgrabungsortes Kalkriese.

+++ 1991: Es beteiligen sich mehr Mitarbeiter an der Grabung. Im Mittelpunkt der Suche stehen die Erdschichten, die als dunkle Schlangenlinie auf den Luftbildern zu erkennen sind. Am Ende der Ausgrabungen steht fest: Es sind die Spuren einer Wallanlage, die aus Sand und Rasensoden errichtet wurde. Die Archäologen vermuten, dass sie nicht von den Römern, sondern von den Germanen stammt.

+++ 1992: Die Archäologen stoßen auf eine Glocke, die mit 2000 Jahre alten Pflanzenresten gefüllt ist. Die Glocke war mit Büscheln aus Farn und Hafer gefüllt und als Radkappe über eine Wagendeichsel gezogen worden. Die Archäobotaniker finden auch heraus, warum die Blätter und Halme noch existieren: Während rundherum alle organischen Stoffe verfielen, hat das Metall der Glocke die Pflanzenreste auf wundersame Weise konserviert.

+++ 1993: Weitere Surveys werden im Umland durchgeführt. Mittlerweile umfasst das Fundareal rund 30 Quadratkilometer, und immer mehr Metallgegenstände werden geborgen. Längst sind es mehr als 1000 Objekte, die Forschung ist nun sicher, dass am Kalkriesen ein großes militärisches Ereignis stattgefunden haben muss.

+++ 1995: Im Grabungsschnitt 22 C finden die Archäologen etliche Knochen, so weich, als wären sie aus Gummi. Und die Archäologen legen ein mysteriöses Gebilde aus Knochen und Metall frei. Damit es nicht während der Bergung zerbricht, wird es zusammen mit etwas Erdreich eingegipst. Das machen die Archäologen mittlerweile bei allen zerbrechlichen Funden. In der Werkstatt entpuppt sich der Fund als ein menschlicher Kiefer, der seit 2000 Jahren an einem Halter für einen Helmbusch klebt. Beides zweifellos Überreste eines römischen Legionärs.

FORSCHUNG – INTERDISZIPLINÄR

Die Archäologen von Kalkriese können längst nicht alle Funde selbst auswerten, deshalb haben sie sich zu einem Netz mit anderen Forschungsinstituten zusammengeschlossen:

· Archäologen der Römisch-Germanischen Kommission untersuchen seit über 100 Jahren den römischen Limes sowie Römerkastelle und -städte in Deutschland. Sie unterstützen die Archäologen vor Ort mit ihrer Erfahrung.

· Anthropologen der Universität Göttingen sind sehr erfahren in der Untersuchung menschlicher Skelette, die viele Jahrhunderte oder Jahrtausende alt sind.

· Archäobotaniker der Universität Hannover untersuchen Pollen und andere pflanzliche Spuren in den betreffenden Erdschichten.

· Bodenkundler der Universität Oldenburg kennen sich mit den Bodenverhältnissen, Mooren und der Landwirtschaft in Norddeutschland bestens aus.

· Archäozoologen der Universität Tübingen sind weltweit führend in der Erforschung tierischer Überreste auf archäologischen Grabungsstätten (wie beispielsweise in Troja).

· Numismatiker, also Münzforscher, des Historischen Museums Frankfurt kümmern sich um die Zuordnung und Datierung der geborgenen Münzen.

+++ 1996 will Wolfgang Schlüter es wissen: Er lädt nach Osnabrück ein, um rund 200 Experten die Grabungsergebnisse vorzustellen. Eine große Zahl von ihnen lässt sich überzeugen, ein Münzkundler erklärt: Die gefundenen Münzen lassen das Ereignis eindeutig zeitlich zuordnen: 9 n. Chr. Und so läuft die wissenschaftliche Beweisführung: Jemand forscht und zieht daraus seine Erkenntnisse. Die fasst er zu Thesen zusammen und stellt sie einem wichtigen Forum von Wissenschaftlern vor. Hagelt es Kritik, zieht der Forscher seine Thesen wieder zurück. Ist die Mehrheit dafür, gelten die Thesen als anerkannt – zumindest vorläufig. Einzelne Kritiker gibt es trotzdem fast immer.

Schon nach wenigen Jahren der systematischen Grabungen haben die Archäologen über 1000 Objekte geborgen, die sie nun auswerten. Moment mal – was heißt eigentlich »die Funde werden ausgewertet«? Die Funde müssen natürlich als Erstes geborgen werden – möglichst, ohne sie zu beschädigen. Deshalb werden sehr kleine oder sehr zerbrechliche Objekte in Gips gegossen und erst dann entnommen. Jedes einzelne Objekt, wie klein es auch immer sein mag, erhält einen »Fundzettel« – das ist eine Karteikarte, auf der genau wie bei kriminalistischer Spurensuche festgehalten wird, was das für ein Gegenstand ist, wo genau und wann er gefunden wurde und wie er im Boden lag. Diese Fakten über den Fund ermöglichen den Archäologen später wichtige Schlussfolgerungen. Und diese Informationen gehen verloren, wenn die Funde unsachgemäß geborgen werden, zum Beispiel von Raubgräbern oder ungeschulten Hobbyarchäologen. Dann wandern die Funde in die Restaurationswerkstatt, wo sie von Experten bearbeitet werden. Dabei werden die Kleinstfunde zunächst aus ihrem Gipsmantel gelöst, gereinigt und untersucht: Was genau ist das und wie kann es erhalten werden? So werden von den Metallobjekten wie dem Halter des Helmbusches vorsichtig Schicht für Schicht Rost und andere Verschmutzungen entfernt. Funde, die zu zerfallen drohen, wie der weiche Kieferknochen, werden konserviert.

Was finden die Archäologen während ihrer Grabungen am Kalkriesen? Bei den zahlreichen römischen Objekten handelt es sich hauptsächlich um Kleinteile aus Metall, die von den plündernden Germanen übersehen wurden. Oder um die Bruchstücke zerstörter Objekte, die man liegen ließ. Es gab ja reichlich Auswahl für die Germanen. Viele dieser Kleinteile stammen von militärischen Ausrüstungsgegenständen: Gürtelschnallen, Brustschließen von Kettenpanzern, Schwertscheideklammern, Knopfschließen, Beschläge von Hängeschürzen, Gewandspangen, sogenannte Fibeln, Tragegriffe von Helmen, alles aus Bronze. Große Mengen von einfachen Eisennägeln, die von römischen Militärsandalen stammen. Aber auch viele Nägel aus Bronze und Eisen mit runden oder eckigen Köpfen wurden gefunden, sie zierten Kleidung oder Ausrüstung.

Kleine Funde also zuhauf, doch größere Funde sind selten. Umso mehr freute sich Wolfgang Schlüter, als 1994 die Brustplatte eines Schienenpanzers freigelegt wurde, an der Brustplatte ist noch mit einer Bronzeschnalle ein Ledergürtel befestigt. Oder die eisernen Beschläge – Buckel und Randverstärkungen eines Schildes. Waffen- und Ausrüstungteile aus Eisen wurden in größeren Mengen geborgen: Lanzen- und Geschossspitzen, Wurflanzen, teilweise mit Resten des Holz-

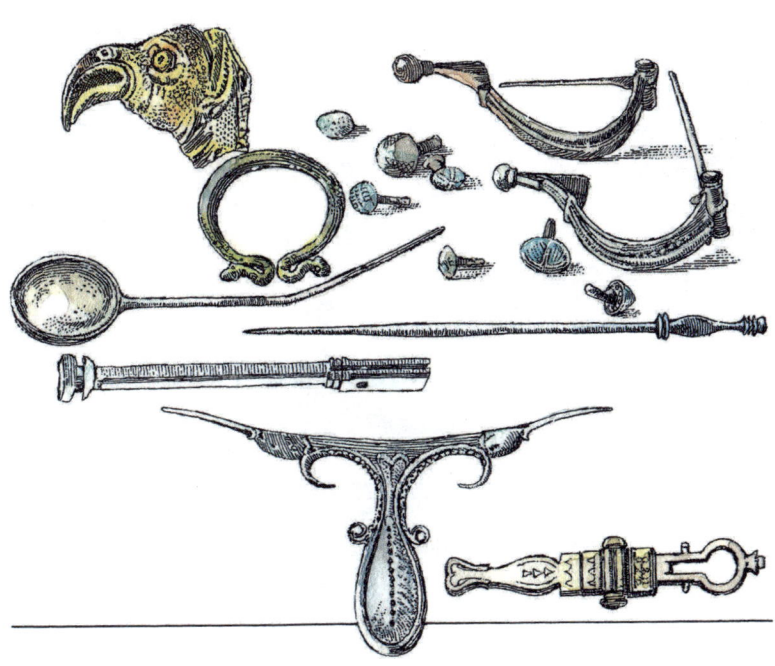

schaftes, Werkzeuge wie eine Pionieraxt und eine Dechsel, eine Art Hacke. Außerdem fanden die Archäologen Teile von Maultiergeschirren und Glocken, die den Tieren umgebunden wurden. Spuren des Versorgungstrupps.

Aber auch nichtmilitärische Objekte bargen die Archäologen: Haarnadeln aus Bronze, verschiedene Gewichte aus Blei und Schiebeschlüssel sowie Teile von Schlössern aus Eisen; ein zerstörtes Weinsieb aus Bronze, spiralförmige Aufsätze von Priesterstäben aus Bronze, einen kleinen silbernen Löffel. Einer der schönsten Funde neben der silbernen Gesichtsmaske ist die silberne Griffplatte (was heute der Henkel ist) eines Trinkbechers – er gehörte sicher einem höheren Offizier. Die Archäologen fanden auch Objekte von Handwerkern, Landvermessern und Lazarettärzten, etwa ein Etui aus Bronze zur Aufbewahrung von Pinzetten und Nadeln, den Griff eines Skalpells aus Bronze und einen teilweise versilberten Kno-

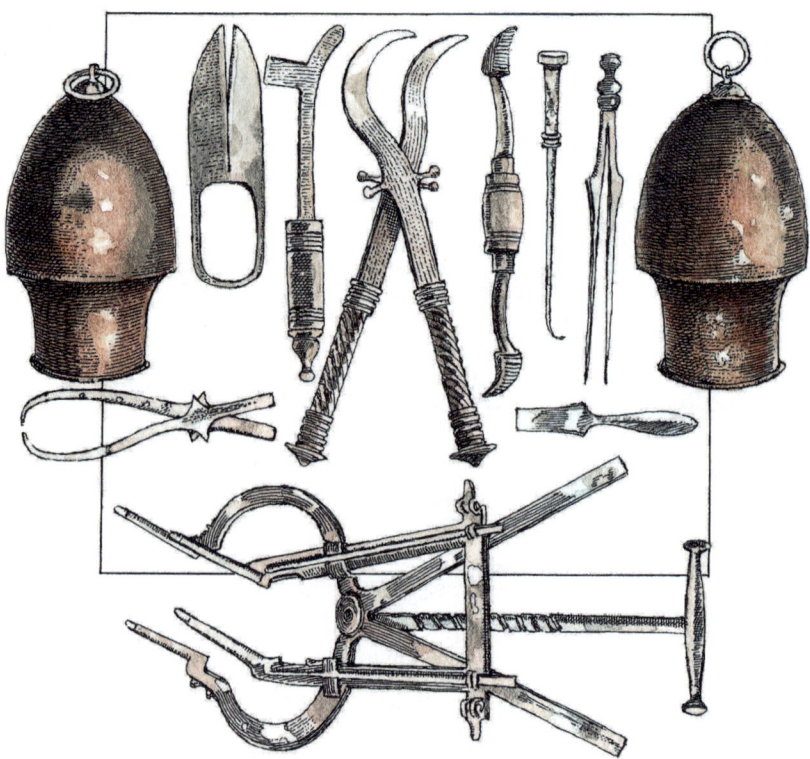

chenheber. Die römischen Sanitäter und Ärzte hatten während dieser Schlacht wohl keine Chance mehr, sie einzusetzen. Aus all diesen Funden können die Archäologen nur eine Schlussfolgerung ziehen: Hier war nicht nur eine Legion, hier war ein vollständiger Heereszug mit seinem ganzen Tross angegriffen und weitgehend vernichtet worden. Nicht ein einzelner Fund, sondern die Gesamtheit der Funde soll den Beweis dafür liefern. Und deshalb ist es gut, dass ein Großteil dieser Funde heute im Museum auf dem Schlachtgelände zu sehen ist.

MIT KNOCHENHEBER UND BRENN-EISEN - MEDIZIN BEI DEN RÖMERN

Die Medizin im Römischen Reich hatte zwei Schwerpunkte: einerseits das Bäder- und Kurwesen, andererseits die Versorgung von Verwundeten, besonders Soldaten und Gladiatoren. Die Römer bauten als Erste Lazarette zur Pflege ihrer Verletzten. Bevor die Patienten Heilverbände erhielten, wurden sie chirurgisch behandelt. Das beweisen die Instrumente, die meistens aus Bronze sind und häufig verziert wurden. Am häufigsten finden sich Sonden zur Untersuchung der Wunden: Löffel-, Ohr- oder Spatelsonden. Skalpelle, also besonders scharfe Messer, wurden in der Kaiserzeit häufig mit anderen Geräten kombiniert: auf der einen Seite ein Skalpell, auf der anderen Seite ein Spatel. Gut dokumentiert sind auch Skalpelle, die zur Entfernung von Blasensteinen dienten, wobei die Ärzte meist auch spezielle Blasensteinhaken benutzten. Überhaupt gibt es eine ganze Reihe von Hilfsinstrumenten wie stumpfe und spitze Haken, Knochenheber, Zangen, Meißel, Brenneisen und Wundnadeln. Chirurgische Instrumente wurden nicht nur bei Ausgrabungen am Kalkriesen oder auf antiken Lagern und Siedlungsplätzen geborgen, sondern vor allem in Arztgräbern. Sie finden sich überall im Römischen Reich. In Städten wie Pompeji gab es mehr Ärzte pro Einwohner als in einer heutigen Großstadt in Europa.

WIE KOMMT DIE SCHLACHT INS MUSEUM?

Kaum war mit den Grabungen am Kalkriesen begonnen worden und die ersten spektakulären Funde freigelegt, pilgerten die Menschen zu den Feldern östlich des Kalkriesen. Doch außer Maisanpflanzungen und vorübergehenden Suchgräben gab es dort nicht viel zu sehen. Deshalb entschlossen sich Archäologen und Denkmalpfleger, ein Informations- und Ausstellungszentrum an dieser Stelle zu errichten. Wie muss ein Museum für ein Schlachtfeld aussehen? Es gibt ja keine freigelegten Gebäudefundamente, nicht einmal die genauen Orte oder ein genauer Ablauf der Schlacht sind bezeugt. Der Museumsbau besteht aus zwei großen Quadern, die ein großes L bilden: dem Museumsturm und dem Ausstellungsgebäude.

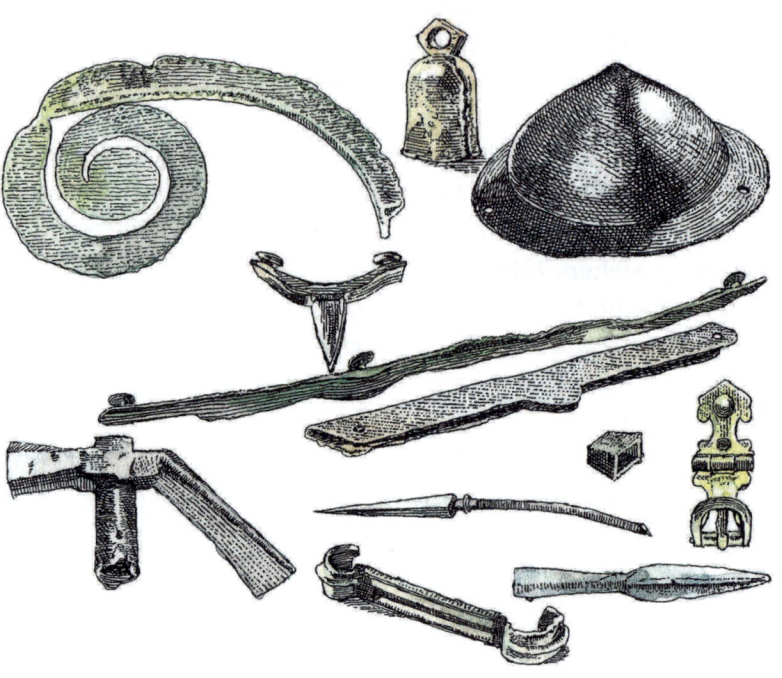

Der Neubau ist mit rostigen Stahlplatten verkleidet. Damit wird schon symbolisch deutlich gemacht: Die wichtigsten Funde hier sind Metalle, die nach 2000 Jahren in der Erde allerdings stark angegriffen sind.

Während früher und bei den Surveys mit Metalldetektoren vor allem Silbermünzen gefunden wurden, sind es bei den Grabungen Kupfermünzen. Nahe an der Oberfläche waren die Metallobjekte starken äußeren Einflüssen wie Regenwasser, Kälte und Luft ausgesetzt – hier überdauerten nur die Silbermünzen. Tiefer in der Erde konnten auch Kupfer, Bronze und Eisen besser überdauern – allerdings sind die Objekte in einem schlechten Zustand. Dies ist auch eine Erklärung dafür, warum in den vergangenen Jahrhunderten nur Silbermünzen gefunden wurden.

Vom 40 Meter hohen Turm des Museumsbaus können die Besucher das ganze Ausgrabungsgelände gut überblicken. Es wird im Norden vom Kalkrieser Berg abgegrenzt. Im Süden ist die Ebene zwar schon lange trockengelegt, doch man kann sich dort leicht ein Sumpfgelände vorstellen. Der Archäologi-

150

sche Park selbst untergliedert sich in den südlichen »Germanenwald« und den nördlich davon verlaufenden »Weg der Römer«. Vor dem »Germanenwald« kennzeichnen Eisenstangen den Verlauf des Walls, der als Angriffsmauer der Germanen diente, ein kleines Stück ist sogar vollständig nachgebaut. Der »Germanenwald« selbst ist von vielen Trampelpfaden durchzogen – das vom Tal aus unsichtbare Aufmarschgebiet der Germanen. Vor dem Wall ist ein schlangenlinienförmiger Ameisenpfad aus Stahlplatten zu erkennen: der »Weg der Römer«. Die Stahlplatten wurden unregelmäßig auf dem Boden verteilt, damit deutlich wird, dass die Römer in Panik ihre strenge Marschordnung aufgaben.

Im Herbst des Jahres 9 n. Chr. ist Varus mit seinen Legionen auf dem Marsch vom Sommer- ins Winterlager. Da wird ihm von einem Aufstand berichtet, der in einem entfernt gelegenen Gebiet ausgebrochen sein soll. Immerhin waren ihm ja einige Gerüchte über Aufstände bereits zu Ohren gekommen. Arminius und die anderen germanischen Fürsten mit ihren Hilfstruppen entfernen sich von den Legionen, sie wollen weitere Mannschaften für Varus mobilisieren. Tatsächlich aber treffen sie sich mit den anderen Verschwörern aus feindlich gesinnten Germanenstämmen der Cherusker, Chatten und Brukterer.

Die drei Legionen mit ihren Reitereinheiten und sechs Kohorten Hilfstruppen und dem ganzen Tross aus Frauen, Kindern, Helfern, Sklaven und unzähligen Lasttieren müssen in diesem unwegsamen Gelände einen schmalen Zug bilden. Der ist einige Kilometer lang und kommt nur langsam voran. Währenddessen haben die Germanen einen perfekten Hinterhalt eingerichtet. Die Legionen sind vom Osten her angerückt. Rund drei Kilometer vor dem Engpass hat es einen ersten Angriff gegeben. Nun bemühen sich die Römer, schnell weiterzukommen – direkt in den Hinterhalt am Kalkriesen.

Die Forscher können mittlerweile sogar genau sagen, wie das Tal am Kalkriesen vor 2000 Jahren aussah. Die römischen Autoren hatten behauptet, die Legionen wären von dichtesten Wäldern und tiefsten Schluchten eingeschlossen worden. Stimmt nicht, sagen die Bodenkundler. Heute gleicht das Tal einer sanften Senke, früher aber war es viel unebener, der Bo-

den lag bis zu einem Meter tiefer. Doch die Forscher fanden
nicht nur Spuren der mittelalterlichen Landwirtschaft. Auf
dem Grabungsgelände legten sie die Pfostenlöcher eines ehemaligen germanischen Speicherhauses frei. Hier hatten bereits
Germanen längere Zeit Landwirtschaft betrieben. Zur Zeit der
Varusschlacht war der Hof zwar schon längere Zeit wieder aufgegeben worden. Die nächsten Germanen wohnten 9 n. Chr.
rund fünf Kilometer südwestlich im heutigen Engter, doch
das Tal am Kalkriesen war noch nicht wieder bewaldet, sondern
wurde als Weide für das Vieh genutzt. Darauf verweisen die
Pollen: Hier gab es offene Grasflächen mit Brennnesseln an den
sonnigen und Farngewächsen an den schattigen Stellen. Das also hatten die Römer vor Augen, als sie sich im Herbst 9 n. Chr.
dem Kalkriesen näherten: eine rasenbewachsenen Senke, die
eine Lichtung bildete. Ein friedlicher Anblick, doch auch ein
idealer Hinterhalt – wie sich herausstellen sollte. Eingezwängt
zwischen dem Kalkriesen, dem Moor und dem Wall, konnten
die Römer ihre Stärken nicht ausspielen und wurden niedergemetzelt.

Anhand der Fundstellen lässt sich sogar der Weg der Varus-
armee markieren. Denn die Mehrzahl der Münzfunde aus
Edelmetall, also Silber- und Goldmünzen, kommt aus sechs
Fundstellen. Es sind aber keine Horte, sagen die Archäologen –
also keine bewusst vergrabenen Schätze. Sonst wären die Münzen in Gefäßen vergraben worden. Es sind Verluste auf der
Flucht. Die Häufung der Funde lässt jedoch vermuten, dass es
mindestens einen Angriff vor dem Kalkriesen, einen Hauptan-
griff am Kalkriesen und zwei Nachgefechte gegeben hat.

Moment mal – heißt das: Das größte Rätsel, die genaue Lo-
kalisierung der Varusschlacht, ist heute gelöst? Nein, ist es
nicht. Es gibt noch immer Zweifel und Zweifler – darunter Archäologen, Historiker und Münzforscher. Ihre häufigsten Fragen sind: Kann dort nicht auch eine frühere oder spätere
Schlacht stattgefunden haben? Warum gibt es keine Spuren
von Germanen? Konnte Arminius überhaupt in dieser kurzen Zeit genug Kämpfer mobilisieren, um
drei Legionen anzugreifen? Gibt es einen unwi-
derlegbaren Beweis dafür, dass hier die
Varusschlacht stattfand?

Fangen wir mit der letzten Frage an. Nein, es
gibt keinen unumstößlichen Beweis dafür, dass
hier die Varusschlacht stattfand. Aber es hätte ihn beinahe gegeben. Auf den zwei Schließen eines Kettenhem-
des fanden die Archäologen Inschriften: Auf der einen war
punktiert: »M AIVS I FABRICII«, auf der anderen nur eingeritzt: »M AII I FAB«. Der Kettenpanzer gehörte einem Marcus
Aius, der in der 1. Kohorte einer Legion diente, die vom Zenturios Fabricius geführt wurde. Hier war also keine Hilfstruppe
untergegangen, sondern eine Legion. Hätte Marcus Aius noch
die Nummer der Legion auf seine Schließe geritzt, dann hätten die Archäologen den sicheren Beweis, dass es sich hier um
die Varusschlacht handelte.

Doch Marcus war es wichtiger, den Namen seines Zenturios zu erwähnen. Leider gibt es keine Aufzeichnungen, die uns
wissen lassen, in welcher Legion Fabricius seine Kohorte führte.

Eine der wichtigsten Fragen unter Archäologen und Historikern ist die folgende: Kann hier nicht auch eine frühere oder
spätere Schlacht stattgefunden haben? Darüber geben die weit

über tausend Münzen genaue Auskunft, von denen viele gegengestempelt sind. Dies war beim römischen Militär zu bestimmten Anlässen Brauch und stellt einen wichtigen Beweis für die Varusschlacht dar, denn keine der Prägungen ist jünger als 9 n. Chr. Bisher wurden 1466 Münzen gefunden, davon sind 20 Goldmünzen. Als häufigste Silbermünzen fanden sich »Gaius-« bzw. »Lucius-Denare«, sie wurden zwischen 2 v. und 4 n. Chr. geprägt. Und Gold- und Silberdenare des Augustus, sie wurden 2 v. bis 1 n. Chr. geprägt, auf ihnen befindet sich eine Abbildung des Augustus. Die jüngsten Münzen sind gegengestempelt mit den drei zusammengewachsenen Buchstaben VAR – wie Varus. Dieser Gegenstempel muss zwischen 7 und 9 n. Chr. angebracht worden sein, während der Kommandozeit des Varus. Und genauso wichtig für die Zeitbestimmung ist, was nicht gefunden wurde: Es gibt keine Denare aus Lyon, die ab 10 n. Chr. geprägt wurden und an Fundstellen späterer Zeit auftauchen.

Tausende von römischen Funden. Und was blieb von den Germanen? Nur ein kleiner Reitersporn. Auch der ist im Museum zu bewundern. Aber warum so wenig? Die Germanen haben natürlich ihre eigenen Verletzten und Toten mitgenommen. Außerdem hat der Teil von ihnen römische Rüstungen und Waffen benutzt, der früher zu den Hilfstruppen gehört hatte. Doch es gibt andere Spuren von den Germanen. Die schlangenförmige Linie, die die Archäologen auf den Luftbildern entdeckt hatten, entpuppte sich als eine rund 400 Meter lange Wallanlage, sie bestand aus Sand, über den Rasenstücke gelegt worden waren. Und sicher verfügte sie außerdem über einen Zaun aus Holz und Flechtwerk.

Dieses Bollwerk hatten die Germanen angelegt, um die natürliche Passsituation noch zu verstärken: zum einen, um die Römer noch stärker einzukeilen, zum anderen, um aus diesem Schutz heraus die Flanken der Römer angreifen zu können. Damit nicht genug: Bei ihren Ausgrabungen legten die Forscher Suchgräben an den beiden Enden der Wallanlagen an. Und dort entdeckten sie einen V-förmigen Graben. Um die Römer in die Enge zu treiben, hatten die Germanen ihr Bollwerk nach Norden und Süden als Graben verlängert. Auf diese Weise entstand ein perfekter Hinterhalt.

Kommen wir zur letzten Frage: Konnte Arminius überhaupt in wenigen Tagen genug Kämpfer mobilisieren, um drei Legionen anzugreifen? Der amerikanische Archäologe Peter S. Wells hat folgende Rechnung aufgemacht: Auf den Hofsiedlungen lebten im Durchschnitt 30 Menschen, und jeder Dritte von ihnen war in der Lage, ein Schwert zu führen. Die Siedlungen wiederum lagen etwa 800 Meter auseinander. Das Einflussgebiet der Cherusker und ihrer Verbündeten am Oberlauf der Weser schätzt er auf 80 Kilometer x 80 Kilometer. Daraus ergibt sich eine Zahl von Kämpfern: zehn Krieger pro Hof x 100

WIE SAHEN DIE GERMANISCHEN KÄMPFER EIGENTLICH AUS?

Die Kleidung der germanischen Krieger war einfach und praktisch. Die meisten trugen lange Hosen, eine Tunika mit langen oder kurzen Ärmeln und darüber bei Kälte noch einen Umhang. Alles war aus brauner oder schwarzer Wolle gefertigt. Ein Teil der Germanen hatte ihr langes Haar zu sogenannten Sueben-Knoten geflochten, damit es im Kampf nicht störte. Was die Germanen im Kampf besonders auszeichnete, war ihre Größe. Wie wir schon gehört haben, waren sie meist einen Kopf größer als die Römer. Die germanischen Krieger trugen meist keine Kettenhemden oder Brustharnische, nicht einmal Helme. Viele Darstellungen, besonders die mit Flügel- oder Hörnerhelmen, sind also falsch. Ihre Schilde haben sie aus Flechtwerken oder bemalten Holzplanken hergestellt, ohne Eisen- oder Lederverstärkung. Speere trugen nur die Angreifer in den vordersten Reihen. Stattdessen benutzten die Germanen Kompositbögen, die aus zwei Holzarten zusammengesetzt waren und eine enorme Spannkraft hatten. Damit konnten sie Pfeile abschießen, die in die römischen Kettenhemden eindrangen, aber den Gegnern keine ernsthaften Verletzungen zufügten. Es gab auch kleine Gruppen Reiter unter den Germanen, die auf Ponys saßen.

(80 km Länge) x 100 Höfe (80 km Breite) = 100 000 Kämpfer. Selbst wenn wir die Zahl für viel zu hoch gegriffen annehmen, die Rechnung zeigt: Auch ohne Städte, in dünn, aber regelmäßig besiedelten Landschaften, kommt eine stattliche Anzahl an Einwohnern zusammen.

WIE KÄMPFTEN DIE GERMANEN?

Arminius kannte als römischer Offizier die taktischen Möglichkeiten einer Legion, ihre Stärken und Schwächen. Wie sah denn die römische Schlachttaktik aus? Normalerweise stellten Römer ihre Kohorten in geordneten Reihen auf und marschierten auf den Gegner zu. Aus rund 20 Schritt Entfernung warfen sie gleichzeitig ihre Wurfspieße. Damit wurden die Gegner verwundet, zumindest wurden ihre Schutzschilder zerstört und ihre Schlachtordnung aufgelöst. Dann rückten sie vor und liefen die letzten Meter mit Geschrei in den Gegner hinein. Dabei bildeten ihre Schilde eine dichte Mauer. Aus dieser Deckung heraus versuchten die Legionäre mit dem Schwert Stiche auf Gesicht und Seite des Gegners zu führen.

Arminius hatte die römische Armee jedoch während der Aufstände in Pannonien erlebt. Die Pannonier hatten den Römern das Leben mit ihrem Guerillakampf schwer gemacht: Keine offene Schlacht, sondern immer nur unerwartet und schnell angreifen. Und genau so werden es die Germanen gemacht haben: Immer wieder starteten sie kleine Angriffe. Es gab nicht nur eine, sondern entlang der Marschroute der Römer eine ganze Reihe von kleinen Schlachten und Hinterhalten. Erst nachdem die Römer erschöpft und entmutigt waren, traten die Germanen zum Endkampf an. Genau dort, wo sie die Römer zwischen Moor, steilen Hängen und Germanenwall in die Enge treiben konnten: am Kalkriesen.

Außer dem Wall haben wir natürlich keine Spuren von der Kampfweise der Germanen. Die ergibt sich zum großen Teil aus ihrer Bewaffnung: Die Germanen schossen vom sicheren Wall aus mit ihren Bögen ganze Schwärme von Pfeilen ab. Doch wir haben ja schon gehört: Mit Pfeil und Bogen konnten sie die Römer nicht ernsthaft verletzen oder töten. Aber die

Germanen waren nicht besonders wählerisch: Sie haben neben ihren Lanzen auch spitze und schwere Steine geworfen. Ob sie ihren Wall verlassen wollten oder nicht, die Germanen konnten die Römer nur auf kurzer Distanz oder im Nahkampf vernichten. Die Chancen für die Germanen standen jedoch gut. Denn die Römer, die am Engpass in der Falle saßen, konnten keine Formationen bilden – zum Beispiel einen geschlossenen Schildwall. Und im offenen Nahkampf waren die Germanen allein durch ihre Körperkraft überlegen. Ein Teil von ihnen benutzte zwar auch ein Schwert zum Zweikampf, doch beliebter war eine Kampfaxt. Die konnte auch auf kurze Distanzen geworfen werden – mit verheerender Wirkung.

WIE WICHTIG WAREN DIE HILFSTRUPPEN?

Immer wieder kann man über die Varusschlacht lesen, dass die Römer unterlagen, weil sie in dem engen Areal ihre Kriegsstrategie nicht entfalten und ihre Waffen nicht optimal nutzen konnten. Aber war dies wirklich ausschlaggebend? Das können wir nicht mehr entscheiden, aber ein wichtiger Umstand kam auf jeden Fall hinzu: Zur römischen Strategie gehörten Reiterei und Hilfstruppen. Ihre Aufgaben waren es, den Feind bereits vor der Schlacht zu schwächen. Und während der Schlacht die Flanken des Gegners anzugreifen oder ihm gar in den Rücken zu fallen. Auch auf diese Taktik mussten die Römer verzichten. Die Reiterei kam nicht durch den Engpass. Vor allem jedoch: die Mehrheit ihrer Hilfstruppen kämpfte auf der anderen Seite! Denn diese bestanden ja überwiegend aus germanischen Kriegern. Sie kämpften nun für ihre Heimat. Dabei trugen sie sicherlich ihre römische Ausrüstung und ein gut sichtbares Erkennungszeichen, damit ihre Kampfgefährten nicht irrtümlich auf sie losgingen!

Herbst 9 n. Chr. Die ehemals römischen Hilfstruppen sind gut ausgerüstet und mit der römischen Kampfweise vertraut. Sie greifen die lange Marschkolonne auf dem offenen Gelände an, treiben die Römer an, vorwärts – in den Engpass am Kalkriesen – zu fliehen. Dort geraten diese in Panik: Soldaten und Zivilisten trampeln sich gegenseitig nieder. Dem Beschuss mit

Speeren und schweren Steinen sind sie ausgeliefert und gegen die kurzen und massiven Angriffe der germanischen Krieger wehrlos. »Nichts war blutiger als dieses Gemetzel in Sümpfen und Wäldern, nichts war unerträglicher als der Hohn der Barbaren«, urteilte der römische Historiker Florus. »Feldzeichen und zwei Legionsadler besitzen die Barbaren noch heute. Bevor der dritte in die Hände der Feinde geraten konnte, riss ihn der Standartenträger ab, steckte ihn in die Öffnungen seiner Rüstung und verbarg sich so im blutigen Sumpf.«

Als die Lage aussichtslos wird, begehen viele Römer Selbstmord – auch Varus. Sie stürzten sich in ihre eigenen Schwerter. Nicht wenige römische Soldaten jedoch versuchen zu fliehen. Doch die meisten Fußsoldaten sind vom Marsch und vom Kampf erschöpft und werden von den Germanen gestellt. Wo das geschah, zeigen die Münzfunde westlich des Kalkriesen: Eine Gruppe versuchte offenbar, nach Nordwesten, eine andere Gruppe, nach Südwesten auszubrechen. Von ihnen wird wohl vor allem den Reitergruppen die Flucht geglückt sein. Nur ganz wenige Legionäre der Fußtruppen sollen es bis zu einem Kastell namens ALISO (vielleicht Haltern) geschafft haben.

Kalkriese, an einem Herbstmorgen im Jahre 9 n. Chr. Die Schlacht, oder besser gesagt: das Gemetzel, ist vorbei. So weit man gucken kann, liegen menschliche Körper neben- und übereinander, tot oder schwer verwundet am Boden. Die Germanen schreiten das Schlachtfeld ab. Sie bergen ihre eigenen Kameraden – Verletzte werden abtransportiert, Tote an einem Begräbnisplatz gesammelt. Pferde, Wagen und Proviant sammeln sie als Kriegsbeute ein, die später verteilt wird. Vor allem haben es die Sieger auf Kostbarkeiten abgesehen: Goldschmuck, Silberbestecke, Gold- und Silbermünzen und Prunkhelme der Offiziere. Einem Germanen ist die kostbare Gesichtsmaske eines Römers als Beutestück zu schwer, er reißt den Silberbeschlag ab und lässt den Rest auf den Boden fallen. Kleine Metallstücke beachten die Sieger gar nicht. Wurde diese kostbare Beute auch verteilt – oder irgendwo als Schatz deponiert? Die Waffen und Ausrüstungsgegenstände der Römer wie Schwerter, Helme und Lanzen jedoch nehmen die Germanen an sich, um sie später in ihren heiligen Hainen oder Mooren zu opfern.

Was passierte mit Gefangenen und Verwundeten? Darüber haben wir natürlich wieder nur Angaben der römischen Autoren. Nach Florus richteten die Germanen über die lebenden Römer in grausamster Weise: Augen wurden ausgestochen, Hände abgeschlagen, Zungen herausgeschnitten und Münder zugenäht. Arminius ließ den bereits von den Römern verscharrten Leichnam des Varus wieder ausgraben und dessen Haupt an den böhmischen Barbarenkönig Marbod schicken, der es wiederum nach Rom weiterleitete.

8. Kapitel

Vom Rache- feldzug zur gigantischen Wallanlage

*Und worin wir uns fragen,
wie dicht der Limes eigentlich war.*

»QUINTILI VARE, LEGIONES REDDE!« Diese Klage von Kaiser Augustus ging als geflügeltes Wort in die Weltgeschichte ein. »Varus, gib mir meine Legionen wieder!« (wortwörtlich: »Gib die Legionen zurück!«) Der Kaiser ließ sich vor Trauer Haare und Bart wachsen, irrte durch seine Paläste und soll dabei beobachtet worden sein, wie er seinen Kopf an die Wand schlug und klagte: »Varus, gib mir meine Legionen wieder!«

Nun können wir selbst urteilen, ob diese heftige Reaktion des Augustus wahrscheinlich ist. Wir haben keine Beweise, dass Augustus so reagierte – ein Beweis wäre in diesem Fall ein überlieferter Augenzeugenbericht – aber die Indizien sprechen immerhin dafür: Augustus liebte sein Heer, die 17., 18. und 19. Legion waren von ihm gegründet worden. Er ordnete an, dass diese Legionsnummern nie wieder vergeben werden sollten. Das Projekt »Germanien« hatte sein persönlicher Triumph werden sollen. Ihm gehörten die wertvollen Bleiminen im Sauerland, die nun verloren waren. Und außerdem war Augustus es nicht gewohnt, zu verlieren. Ja, es ist also gut möglich, dass der Kaiser so heftig auf die Niederlage in Germanien reagiert hat. Noch etwas spricht dafür, dass Augustus nicht wütend, sondern traurig war: Er ließ gegenüber seinem toten Statthalter Milde walten. Den Kopf des Varus, der Augustus übergeben worden war, ließ er sogar in seinem Familienmausoleum beisetzen, anstatt ihn irgendwo anonym verscharren zu lassen.

In Windeseile verbreitete sich in Rom die Geschichte der Niederlage. Damals gab es noch kein Fernsehen und keine Zeitung, Nachrichten wanderten von Mund zu Mund. Und wie beim Stille-Post-Spiel veränderte sie sich bei jeder Weitergabe. »FUROR TEUTONICUS« nannten die Römer voller Furcht die Angriffslust der Germanen. Und dieser Furor vernichtete sämtliche von Römern errichteten Bauwerke östlich des Rheins: Lager, Kastelle, städtische Siedlungen. Die Germanen seien in einen solchen Blutrausch geraten, so die Gerüchte, sie würden nicht aufhören, bis sie auch Rom mit Mann und Maus niedergemetzelt hätten. Selbst Augustus ließ sich von solchen ängstlichen Fantasien anstecken. Seine Leibgarde bestand ja aus Germanen. Er entließ sie sofort, und auch alle anderen Germanen mussten die Hauptstadt verlassen.

Zur gleichen Zeit übernahm wieder einmal Tiberius das Kommando in Germanien. Er beorderte die 2., 13. und 20. Legion an den Rhein und ließ die Kastelle dort ausbauen. Aber er hatte keinen Befehl, auf das rechtsrheinische Ufer überzusetzen. Er konnte nicht glauben, dass Augustus die Bergwerke im Sauerland, die Kastelle an der Lippe und Siedlungen wie Waldgirmes endgültig aufgeben wollte. Doch Augustus war nicht mehr der Alte. Zusätzlich zu seinem Kummer litt er an einer Nierenkrankheit. Im Jahr 13 n. Chr. kam Tiberius' Neffe, der Sohn seines toten Bruders Drusus, Nero Claudius Germanicus nach Xanten. Er übernahm das Kommando über acht Legionen, man wartete nur noch auf das Zeichen aus Rom, um loszuschlagen. Doch das erhoffte Zeichen kam nicht, stattdessen erreichte eine andere Nachricht CASTRA VETERA: Augustus war am 19. August 14 n. Chr. gestorben.

Der erste römische Kaiser hatte 43 Jahre lang das Reich zusammengehalten – für viele Römer war es das Goldene Zeitalter. Lang ist die Liste seiner Verdienste, die er auf seine Gedenktafel schreiben ließ. Doch dazu gehören auch Dinge, die er gar nicht erreicht hat: »Germanien habe ich befriedet.« In seinem Testament allerdings gab er seinem Nachfolger Tiberius den Rat: Werde nur noch innerhalb der Reichsgrenzen aktiv! Zwischen den Zeilen sagte er damit: Lass die Finger von Germanien. Den Rat wollte Tiberius befolgen – aber vorher hatte er noch eine oder zwei Rechnungen zu begleichen.

GERMANICUS METZELT GERMANEN

Auch der neue Kaiser zögerte zunächst, den Befehl zum Einmarsch in GERMANIA MAGNA zu geben. So schlug Germanicus eben ohne die Erlaubnis aus Rom los. Sein Heer brauchte ein Betätigungsfeld, in den letzten Monaten war es zu mehreren Meutereien unter den Soldaten gekommen. Noch im Herbst 14 n. Chr. zog er gegen die Marser, die zu dieser Zeit im östlichen Sauerland siedelten. Die Römer waren nicht zimperlich, das gibt auch Tacitus zu. Sie überfielen friedliche Dörfer

und verwüsteten das Land. Zwar versuchten die Germanen in bekannter Guerillataktik, die Römer auf dem Rückzug anzugreifen. Doch Germanicus hatte damit gerechnet und ließ die Nachhut schützen. Bereits im folgenden Frühjahr gingen die Römer gegen die Chatten vor, die sich im Gebiet des heutigen Hessen niedergelassen hatten. Im Sommer führte Germanicus vier Legionen in das Gebiet zwischen Ems und Lippe. Dabei soll er den Adler der 19. Legion zurückerobert haben. Dann erreicht Germanicus ein Hilferuf des Germanenfürsten Segestes, der weiter mit den Römern verbündet war. Es ist Arminius, der seinen Schwiegervater belagert. Germanicus befreit Segestes aus der Umklammerung, dabei fällt ihm die schwangere Thusnelda in die Hände, die er als Geisel nimmt. Da nützt es auch nichts, dass Segestes um Gnade für sie bittet, sie ist immerhin die Ehefrau des Hauptfeindes Arminius.

Nun zieht Arminius durch das Cheruskerland und sammelt noch mehr Getreue um sich, um zum Gegenschlag auszuholen. Germanicus will ihm zuvorkommen und lässt sein Heer aus drei Richtungen zur Ems marschieren. Auf seinem Weg dorthin passiert er auch den Ort der Varusschlacht – so steht es jedenfalls bei Tacitus: »Der Heereszug wurde bis in die äußersten Teile des Bruktererlandes geführt und alles Land zwischen den Flüssen Ems und Lippe verwüstet. Man war nicht weit vom ›Waldberg im Teutoburgischen Gebiet‹, in dem die Überreste des Varus und seiner Legionen noch unbestattet lagen. Da ergriff den Feldherrn das Verlangen, den Soldaten die letzte Ehre zu erweisen. Caecina (einer der Feldherren) wurde vorausgeschickt, um die verborgenen Schluchten des Waldgebietes zu durchforschen sowie Brücken und Dämme in dem feuchten Sumpfland anzulegen.« Können die Archäologen etwas davon bestätigen?

KNOCHEN-GEFLÜSTER

Wir kehren noch einmal auf die Ausgrabungsstätte am Kalkriesen zurück. Am Kalkriesen stießen die Archäologen nicht nur auf Metallgegenstände der römischen Armee, sondern auch auf organische Spuren der Römer und ihrer Nutztiere:

KNOCHEN, WEICH WIE GUMMI

Knochen bestehen vor allem aus Phosphaten und aus Calcium, also Kalk. Die Struktur des Kalks kann man mit Gerüsten vergleichen, die den Knochen sehr stabil machen. Was geschieht nun mit Knochen, wenn sie 2000 Jahre im Boden liegen? Das hängt ganz von der sie umgebenden Erdschicht ab. Ist diese selbst sehr kalkhaltig, bleiben die Knochen weitgehend intakt, weil kaum Kalk aus dem Knochen in die umliegende Erdschicht wandert. Enthält der Boden jedoch kaum Kalk, wie der Sandboden am Kalkriesen, so löst sich der Kalk aus den Knochen. Bestimmte Stoffe wie Zucker oder Kalk neigen dazu, sich gleichmäßig zu verteilen. Das kennen wir ja, wenn wir einen Würfel Zucker in den Tee einrühren. Diese sogenannte Osmose findet auch bei Knochen statt: Die Knochen verlieren mehr und mehr Kalk und werden immer biegsamer. Schließlich lösen sie sich ganz auf und es bleibt nur Phosphat zurück.

Knochen. Auf ihrem Grabungsareal fanden die Wissenschaftler acht Gruben mit Knochen von Menschen und Tieren. Eigentlich sind die Verhältnisse hier schlecht für den Erhalt von Knochen. Direkt unter der Plaggenschicht liegt Sandboden, der die Knochen auflöst, indem er den Gebeinen Kalk entzieht. Sind jedoch viele Knochen aufeinandergeschüttet, hält sich der Kalkverlust in Grenzen. Nach 2000 Jahren haben die Gebeine zwar ihre Form erhalten, sind allerdings weich wie Gummi. Die Archäozoologen konnten beweisen, dass die Tierknochen von Pferden, vor allem aber von Maultieren stammten. Maultiere wiederum wurden von den Römern, aber nicht von den Germanen genutzt.

Die Anthropologen fanden zwar keine vollständigen menschlichen Skelette, doch die Knochen stammten von mehreren Menschen, allesamt Männern im Alter zwischen 20 und 40, das passt auf Soldaten. Außerdem ergaben die medizinischen Untersuchungen, dass diese Knochen einige Zeit an der Oberfläche gelegen haben, bevor sie verscharrt wurden. Das fügt sich zu dem Bericht von Tacitus: »Sie befanden sich nicht weit von der Stelle, wo die Überreste des Varus und seiner Legionen noch unbestattet lagen ... Da ergriff Germanicus das Verlangen, den Soldaten und ihrem Feldherrn die letzte Ehre zu erweisen.« Germanicus besichtigte das Schlachtfeld: »Mitten auf dem Feld lagen bleichende Knochen – zerstreut, wenn sie von Flüchtigen stammten, oder in Haufen, wo Truppen sich gewehrt hatten. Daneben lagen zerbrochene Waffen und Pferdegerippe, Schädel waren an Baumstämmen befestigt. In der Nähe standen auch noch die Altäre, wo die römischen Tribune und Zenturione geschlachtet worden waren. Überlebende berichteten, hier seien die Legaten gefallen, dort die Legionsadler erbeutet worden.«

Tacitus' Darstellung zufolge lässt Germanicus einen Grabhügel errichten und verlegt persönlich das erste Stück der Rasensoden, mit denen der Hügel abgedeckt wurde. Das Bauwerk wurde zwar schon bald von den Germanen zerstört, trotzdem müssten die Archäologen Spuren von ihm entdecken – sie fehlen jedoch bis heute. So ganz passen die acht Knochengräben und die von Tacitus überlieferte Geschichte des Grabhügels doch nicht zusammen. Und es gibt einen weiteren Befund, der gegen diese Darstellung spricht. Denn die Bodenkundler haben an vielen Stellen des Obereschs, also etwas oberhalb des Kalkrieser Tals, Proben aus dem Erdreich genommen und analysiert. Der Phosphatgehalt ist so hoch, dass hier ganze Berge von Knochen verwittert sein müssen. Die Germanen haben ihre Toten bestattet. Wurden die römischen Soldaten wirklich von Germanicus beerdigt oder graben die Archäologen am Kalkriesen eine andere Schlacht aus?

Siege, aber keine Sieger

Im Spätsommer 15 n. Chr. konnte Germanicus ein einziges Mal mit seinen Legionen die Germanen unter Arminius in einer Schlacht besiegen. Fortan entzogen diese sich jeder direkten Konfrontation. Daraufhin befiehlt Germanicus den Rückzug – wieder teilt sich das römische Heer in drei Gruppen. Die Fußtruppen unter Caecina geraten jedoch in einen Hinterhalt. Sie heben in Eile eine Wallanlage aus und suchen sich zu verschanzen. Doch noch während der Arbeiten werden sie überfallen und erleiden schwerste Verluste. Dieser Überfall fand nicht weit entfernt von den PONTES LONGI statt- den Damm- oder Bohlenwegen. Und tatsächlich wurden rund zehn Kilometer vom Kalkriesen entfernt Bohlenwege aus der Zeit um Christi Geburt entdeckt. Mancher Experte sieht deshalb in der Wallanlage am Kalkriesen nicht das Werk der Germanen, sondern den Verteidigungswall des Caecina.

Im Sommer 16 n. Chr zieht Germanicus erneut ins Feld, diesmal mit rund 50 000 Legionären. Wieder führt er eine Strafexpedition gegen die Cherusker an. Wieder entziehen sich die Germanen unter Arminius zunächst der direkten Konfrontation. Doch schließlich kommt es an der Weser zur Schlacht. Die Germanen erleiden hohe Verluste, aber sie werden nicht vollständig besiegt. Zunächst sieht es so aus, als wollten sie fliehen, doch dann stellen sie sich erneut zum Kampf. Es ist die sogenannte »Schlacht am Angrivarierwall«. Tacitus berichtet darüber und schildert dabei exakt ein Bollwerk: Die Germanen hatten es errichtet, um damit ein Tal zwischen Wäldern und Sumpf zu verengen. Genau solch eine Situation haben die Archäologen ja am Kalkriesen freigelegt, manche Wissenschaftler glauben deshalb, dort habe die letzte Germanicus-Schlacht stattgefunden. Auch diese Schlacht können die Römer für sich entscheiden, ohne die Germanen jedoch restlos zu unterwerfen. Sie errichten ein Siegesmal und machen sich auf ins Winterlager nach Xanten – ein Teil der Truppen reist wieder mit Schiffen über Ems und Nordsee. Sie geraten in Stürme und erleiden hohe Verluste. Dies sollte der endgültige Rückzug aus den rechtsrheinischen Gebieten werden. Denn Kaiser Tiberius hatte nun genug. Er verweigerte Germanicus die Finanzierung eines weiteren Feldzugs. Das »Land der widrigen Sümpfe«, wie Tacitus es nannte, war einfach nicht in den Griff zu bekommen.

In der Zeit ihrer Gefangenschaft brachte Thusnelda einen Sohn zur Welt: Thumelicus. Die beiden mussten Germanicus nach Rom begleiten. Dort zog der Feldherr im Mai 17 n. Chr. mit großem Triumph ein. Wie bei den Römern üblich, wurden Gefangene als Siegestrophäen vorgeführt. Arminius konnten die Römer zwar nicht besiegen, aber Thusnelda und Thumelicus, Frau und Sohn des größten Feindes des Reiches, waren in ihrer Gewalt.

Waren die Feldzüge des Germanicus wirklich ein Erfolg, wie die römischen Autoren behaupten – allen voran Tacitus? Nach Schätzung heutiger Historiker haben diese Feldzüge die Römer 20 000 bis 25 000 Menschenleben gekostet. Fast ebenso große Verluste wie die Varusschlacht. Was weiter mit Thusnelda und Thumelicus passierte, wissen wir nicht. Haben sie Arminius je wiedergesehen? Der große Führer der Revolte fand jedenfalls weder Anerkennung noch Ruhe. Noch im selben Jahr führte der König der Markomannen, Marbod, Krieg gegen ihn. Zwar konnte Arminius die Markomannen in einer offenen Feldschlacht besiegen, doch auch seinem eigenen Lager wurde Arminius' Ehrgeiz allmählich unheimlich. Im Jahr 21 n. Chr. wurde Arminius von Verwandten ermordet. Tacitus nennt Arminius in seinen »Annalen« den »Befreier Germaniens«. Mit dieser Bezeichnung macht er ihn Jahrhunderte später zum Nationalhelden und löst einen Kult aus.

Die Historiker dagegen sind sich heute einig: Arminius' Kampf gegen die Römer war kein nationaler Aufstand. Die

WIE DAS BILD VON DEN TOLLEN GERMANEN ENTSTAND

In der Spätantike begannen die nordischen Völker umherzuwandern. Sie ließen sich geografisch nicht mehr »Germanien« zuordnen. Und sie selbst nannten sich nun Goten, Franken, Alamannen, Vandalen, später auch Burgunder, Sachsen und Thüringer. Im 10. Jahrhundert entstand mit dem Ostfrankentum ein erstes »Deutsches Reich« – doch statt sich allein auf die Germanen als Vorfahren zu beziehen, betonten die Ostfranken ihre Gemeinsamkeit mit den Römern: Über den legendären Gründer Roms, Aeneas, würden sie direkt von den Trojanern abstammen. Die Sage von Aeneas zeichnet ein anderes Bild von der Gründung Roms als die von Romulus und Remus: Aeneas, Sohn des trojanischen Königs Priamos, war nach der Eroberung Trojas durch die Griechen über das Mittelmeer bis nach Italien geflohen. Im Mittelalter verlor man die Germanen ganz aus den Augen – sie spielten keine Rolle in den Historien. Das änderte sich schlagartig im 16. und 17. Jahrhundert. In dieser Zeit suchte man wieder nach Vorbildern in der Geschichte, nach Menschen, die in einem edlen Naturzustand gelebt hatten. Als Tacitus' »Germania« wiederentdeckt wurde, begann der Mythos von unseren germanischen Ursprüngen: Das Bild eines wilden, aber reinen Volkes, unverdorben von der Zivilisation, entstand. Alles, was die Menschen in ihrer Zeit vermissten, sahen sie in den fernen Zeiten.

Germanen wollten die Römer loswerden, aber nicht, um sich selbst zu einem großen Gebilde zusammenzuschließen wie eine Nation oder ein Königreich. Die Germanen sahen nicht so sehr das, was sie mit den Nachbarstämmen verband. Sie sahen vor allem das, was sie von den Nachbarstämmen trennte – und was sie an denen nicht leiden konnten. Wie schon vor der Zeit von Arminius kämpften die germanischen Stämme nach seinem Tod und dem Abzug der Römer wieder gegeneinander.

Und was passierte mit dem Varusschlachtfeld am Kalkriesen? Wir erinnern uns: Die Germanen hatten ihre Wallanlage nach Osten und Westen durch einen Graben verlängert. Die Forscher untersuchten die V-förmigen Gräben: Sie waren von großen Kalksteinen blockiert, darunter lagen unter anderem Tierknochen und kleine Silber- und Bronzebleche. Was war hier geschehen? Die Archäologen schlussfolgern: Die Bleche müssen bei den Plünderungen in den Graben gefallen sein. Denn einige Zeit nach der Schlacht haben die Germanen offenbar Tierkadaver aus dem Gemetzel in den Graben geworfen und ihn anschließend mit dicken Kalksteinen aufgefüllt. Vermutlich, damit ihre eigenen Tiere nicht in diese Fallgruben stürzten, denn die Lichtung wurde wieder als Weide genutzt. Bereits einige Jahre nach der Schlacht war im wörtlichen Sinne »Gras über die Sache gewachsen«.

GRENZBEGRADIGUNGEN

Nun endlich befolgte Tiberius den Rat seines Ziehvaters und Vorgängers Augustus. Er zog seine Truppen vollständig aus GERMANIA MAGNA ab. Die römischen Legionen betraten nie wieder die rechtsrheinischen Gebiete. Nie wieder? Naja, es gab da noch einige Probleme. Immer wieder unternahmen germanische Truppen Beutezüge in den Grenzgebieten der römischen Provinzen. So war das Lager VETERA I auf dem Fürstenberg (Xanten) 70 n. Chr. von den Batavern angegriffen und zerstört worden. Zur Sicherung der Grenzen mussten Tiberius und seine Nachfolger viele, zu viele Soldaten an die Nordgrenze ihres Reiches schicken. Die waren besonders dort notwendig, wo die Grenze nicht durch den Rhein vorgegeben wurde. 800 Kilometer Grenze trennten das barbarische Germanien von den römischen Provinzen Rätien und Obergermanien. Sie sah aus wie ein großes V, das mit zittriger Hand gemalt wurde; der unterste Zipfel dieses V waren der Schwarzwald und die Schwäbische Alb. Die Nachfolger von Tiberius gingen dieses Problem an. Schritt für Schritt wurde dieser v-förmige Keil durch Grenzverlagerungen unter den Kaisern Trajan, Hadrian und Antonius Pius verkleinert. Ende des 2. Jahrhunderts n. Chr. war die Grenze von über 800 auf knapp 500 Kilometer verkürzt worden. Gleichzeitig wurde auf der gesamten Strecke vom Rhein bis zur Donau der obergermanisch-rätische Limes, der Grenzwall, errichtet. Wie sah denn der Limes aus? Wie bei der Befestigung eines Militärlagers wurde zunächst ein Graben ausgehoben und mit diesem Aushub dahinter ein Wall aufgeschüttet. Selbst nach 1800 Jahren zeichnet sich der Verlauf des Limes auch heute noch auf weiten Strecken im Boden ab. Gut lässt er sich beispielsweise im Naturpark Rhein-Westerwald erkennen. Auf diesem Wall wurde anschließend ein Wehrgang angelegt, er bestand überwiegend aus einer Holzpalisade. Im Abstand von etwa 500 Metern wurde ein Wachturm errichtet. Das hing vom Gelände ab, denn die Türme wurden in Sichtweite zueinander gebaut – so ließen sich Signale übermitteln. Wie die Türme genau aussahen, wissen wir nicht. Klar ist heute, dass sie nicht aus Holz, sondern aus Stein bestanden und mindestens zwei Stockwerke hoch waren.

Bei Bad Hönningen wurde 1974 der erste Limesturm aus römischem Bruchstein wiedererrichtet, zweistöckig. Viele weitere folgten, doch jeder Wachturm am Limes sieht heute anders aus. Warum denn das? Weil sich das Wissen über die Türme in den letzten 35 Jahren immer wieder veränderte. Ein Turm ist mit Sicherheit ganz falsch gebaut: bei Pohlheim steht ein mickriger Wachturm mit nur einem Geschoss. Von dort hätte man gerade einmal knapp über die Wehranlage schauen können. Auf der Anhöhe Gaulskopf im Taunus fanden die Archäologen ein sehr breites Fundament – sie errichteten deshalb dort einen Wachturm mit drei Stockwerken. Auch nahe dem Ort Hillscheid im Westerwald steht ein dreigeschossiger Wachturm, in dem ein kleines Museum untergebracht ist. Er wurde weiß angestrichen. Wie Perlen auf einer Kette waren die uns heute bekannten 55 Kastelle bzw. befestigten Siedlungen entlang der spätantiken Grenze zu Germanien (Rhein und Limes) aufgereiht. Am Limes kamen alle paar Kilometer noch kleine Kastelle hinzu, in denen die Wachmannschaften untergebracht waren.

EINE KOMMISSION LEGT DEN VERLAUF DES LIMES FEST

Auf der Karte sieht es heute ganz einfach aus: Der Limes war eine durchgängige Grenzbefestigung vom Rhein zur Donau. Doch diese Erkenntnis steht am Ende langer Forschungsarbeit. Denn im 18. und 19. Jahrhundert waren nur noch Fragmente dieses Bauwerks vorhanden: Das Holz der Palisaden war längst verwittert, Wind und Wetter hatten Gräben und Wälle eingeebnet. Die Türme und Kastelle waren eingestürzt, ihre Mauersteine waren abtransportiert und neu verbaut worden. Erst im 19. Jahrhundert erwachte das Interesse an der römischen Vergangenheit und es entstanden örtliche Limesvereine. 1852 wurde die »Commission zur Erforschung des Limes Imperii Romani« gegründet. Die Erforschung der Militäranlage wurde nach 1871 vom Deutschen Reich streng militärisch durchgeführt: Eine Reichskommission unter Leitung des Historikers Theodor Mommsen wurde gegründet. Auf zwei Limeskonferenzen (1890 und 1892) legten die Forscher erstmals den Verlauf des Limes vom Rhein zur Donau fest, als erste Arbeitsthese sozusagen. Dann wurde gegraben, um den Verlauf zu bestätigen oder zu korrigieren. Bis 1901 dauerten diese Nachforschungen an und bis 1937 wurden über diese Grabungen Forschungsberichte über Forschungsberichte geschrieben, insgesamt 14 Bände. Nach 1945 wurden die Grabungen wieder aufgenommen und besonders in den letzten zwei Jahrzehnten mit neuen Methoden wie geophysikalischen Messungen vertieft. Das Ergebnis: Die Archäologen wissen heute auf den Meter genau, wo der Grenzwall verlief. Sie haben die Grundrisse von mehr als 900 Wachtürmen und mehr als 170 Kastellen entdeckt und ausgemessen. Alle stammen aus der Zeit vom 1. bis zum 3. Jahrhundert n. Chr.

Schauen wir uns den genauen Verlauf an: Der obergermanische Limes beginnt bei Bad Hönningen am Rhein und verläuft zunächst in östlicher Richtung parallel zum Main. In einem Bogen zieht er sich über die Bergrücken des Taunusgebirges, dabei steigt er bis auf 700 Meter Höhe an. Bei Bad Homburg streift er ein besonders geschütztes Tal, hier hatten die Römer ein Kastell errichtet, heute Saalburg genannt. Schon Mitte des 18. Jahrhunderts wurde die Anlage als »Festung der Römer«

ausgemacht. Trotzdem wurde sie, wie so viele Römeranlagen, weiterhin als Steinbruch geplündert, bis sie dann erforscht, geschützt und ab 1900 wiederaufgebaut wurde. Heute stehen innerhalb des Kastells wieder Stabsgebäude, Getreidespeicher und ein Mithras-Tempel.

Bei Pohlheim beschreibt der Limes eine Art Schlaufe, um anschließend bis herunter nach Lorch an der Rems strikt nach Süden zu verlaufen. Bemerkenswert ist dabei, dass er ab Walldürn rund 80 Kilometer schnurgerade verläuft. Die Römer nahmen keine Rücksicht auf Höhen und Täler, sie wollten zeigen: Unser Wall ist unüberwindbar. Knapp 30 Kilometer weiter südlich biegt der Limes abermals in östlicher Richtung ab und nähert sich in einem leichten Bogen der Donau. An diesem Abschnitt liegt unter anderem das große Reiterkastell von Aalen. Nach rund 500 Kilometern endet der Limes nördlich von Hienheim an der Donau. Beide Uferseiten des Flusses wurden hier von Kastellen kontrolliert. So weit die Bemühungen, eine möglichst dichte Grenze zu errichten. Doch wie wirkte diese Mauer? Wie lebte man hüben wie drüben? Wie erging es der römischen Seite, was wurde aus dem römischen Militärlager CASTRA VETERA am Niederrhein? Nur kurze Zeit nachdem VETERA I zerstört worden war, errichteten die Römer am Fuße des Berges das Lager VETERA II. Und um 100 n. Chr. verlieh der römische Kaiser Trajan der Siedlung das Stadtrecht: COLONIA ULPIA TRAIANA, das heutige Xanten.

MILITÄRLAGER WIRD SCHACHBRETT-STADT

COLONIA ULPIA TRAIANA im 2. Jahrhundert n. Chr. Der Besucher nähert sich auf der breiten Hauptstraße von Süden her der Stadt. Er durchschreitet zunächst die Gräberfelder, die stadteinwärts die Hauptstraße flankieren: Grabstein an Grabstein wurden hier die verstorbenen oder im Kampf gefallenen Bewohner der Stadt beigesetzt, große Grabbauten ehren Feldherren, bedeutende Kolonialpolitiker und reiche Kaufleute. Dagegen wirkt das uns schon bekannte Grabmal des Marcus Caelius eher bescheiden. Nun wird der Blick des Besuchers von den Grabmalen abgelenkt, er sieht die Stadtmauer mit einem

der mehrgeschossigen Stadttore. Was er nur ahnen kann: Der
Grundriss der Stadt erstreckt sich auf einer Größe von 95 Fußballfeldern und wird von einer 3,4 Kilometer langen Stadtmauer mit 22 Türmen umfasst. Wie allen Stadtgründungen in
den römischen Provinzen folgt ihr Grundriss dem hippodami-
schen Prinzip: Die Straßen wurden in Rechteckform angelegt,
dadurch entstanden gleichförmige Häuserblocks, sogenannte
INSULAE. Da die Stadtmauer aber aus Sicherheitsgründen bis
ans Ufer herangeführt wurde, bildet die Stadt an ihrer Süd-
ostecke ein Dreieck: Dort steht das Amphitheater.

Unser Besucher hat inzwischen eines der drei großen Stadttore durchquert – und wenn er nicht genau wüsste, wie weit er
vom Zentrum der römischen Welt entfernt ist, könnte er sich
jetzt fragen: »Moment mal, bin ich hier in Rom oder Pompeji?«
Denn alles ist so angelegt wie in der Heimat. Die Häuser wei-
sen zu den Straßenseiten hin Arkaden auf – sogenannte Porti-

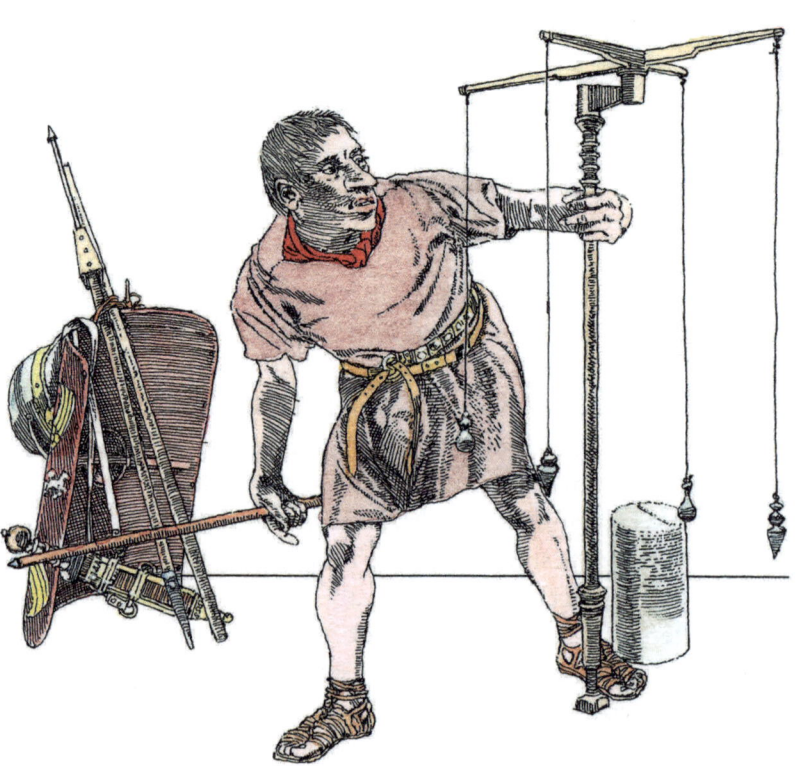

ken, damit der Fußgänger geschützt durch die Stadt laufen kann, obwohl die Sonne in Nordeuropa bei Weitem nicht so stark scheint wie in der Mittelmeerregion, allerdings regnet es hier häufiger. Der Fußweg unter den Arkaden führt an vielen Geschäften vorbei. Dort werden Waren aus allen Teilen des Reiches angeboten. Dahinter erstrecken sich die großen römischen Stadthäuser: Durch den Eingang gelangt der Besucher in den ersten Hof, meist steht dort der Ahnentempel. Es folgen das Empfangszimmer und dahinter der Haupthof, hier stehen vielleicht Marmortische oder Springbrunnen, die Wände erstrahlen in tiefem Rot und sattem Gelb. Der ganze Hof wird von einem Säulengang umrandet, von dem die Räume abgehen. Die Stadtvillen reicher oder mächtiger Römer haben sogar zwei Vorhöfe, zwei Innenhöfe und zwei beheizbare Bäder. Alle Gebäude sind zumindest teilweise aus Tuffstein errichtet, der mühsam aus den Steinbrüchen in der Eifel herantransportiert wurde. Das ganze Mittelalter hindurch werden die Menschen hierherkommen, um den wertvollen Baustoff wieder abzutransportieren.

Den Arkadenwegen an den Stadthäusern vorbei folgend, gelangt der Besucher schließlich ins Zentrum, wo sich die beiden Hauptstraßen kreuzen und zwei INSULAE den Mittelpunkt der Stadt bilden: das Forum und das Kapitol.

Das Forum, ein Platz, umgeben von Wandelhallen, bildete den politischen und kulturellen Mittelpunkt der Ansiedlung. Hier trafen sich die Menschen, und in der angrenzenden Basilika, einem mehrschiffigen Hallenbau, hielten sie politische Versammlungen ab und sprachen Recht. Das religiöse Zentrum war das Kapitol. In der Mitte eines großen umbauten Platzes erhob sich der imposante Tempel, der von großen Marmorsäulen eingefasst wurde. Er hatte noch einen kleinen Bruder, den Hafentempel.

Die meisten Händler gelangten auf dem Wasserweg nach Xanten. Wenn ihr Schiff am Rheinanleger vertäut war, betraten sie die Stadt durch das Osttor und standen vor dem Hafentempel. Dort opferten sie den Göttern, als Dank für die sichere Ankunft. Die Stadt besaß alles, was die römische Kultur zu bieten hatte: Häuser mit allem Komfort, Waren aus aller Herren Länder, Bäder, Tempel, Spielstätten für Theaterstücke und Gladiatorenkämpfe. Und wie sah das Leben der Germanen gleich nebenan aus? Des Volkes, welches die Römer aus ihrem Land vertrieben haben?

NATURBURSCHEN MIT VORLIEBE FÜR GOLD UND SILBER

Germanien östlich des Rheins und des Limes wurde von den Römern nur noch verächtlich »BARBARICUM« genannt. Die römischen Autoren beschrieben es als durch und durch barbarisches Land: sumpfig und undurchdringlich bewaldet, von wilden Menschen bewohnt. Damit wollten sie ausdrücken: Es hätte sich sowieso nicht gelohnt, das Land zu erobern. Und was sagen die Forscher heute dazu? Tatsächlich kehrte in Germanien die Natur wieder stärker zurück. Während die Römer intensive Landwirtschaft betrieben, gaben die Germanen viele Felder auf. Hauptnahrungsquelle waren Schweine, Pferde und Rinder, die sich frei streunend ernährten. Dazu kamen Jagd und Fischfang sowie wilde Früchte und Honig. Getreide wurde auf Lichtungen gerade so viel angebaut, um das geliebte Bier ansetzen zu können. Doch bei Römern und Germanen standen auch Haferbrei und Fladenbrot aus Gerste auf dem Speiseplan. Die Straßen, welche die Römer etwa entlang der Lippe angelegt hatten, wurden nicht instand gehalten. Nach und nach bildeten sich wieder Trampelpfade.

»ARCHÄOLOGISCHER PARK XANTEN«

Wer in Deutschland große römische Architektur sehen, begehen und anfassen will, der ist im »Archäologischen Park Xanten« richtig, hier wurde nicht nur das große Amphitheater wiedererrichtet. Wie so ein römischer Tempel aussah, kann man heute an dem kleineren Tempel von Xanten sehen, der Hafentempel wurde teilweise wiederaufgebaut. An seiner Südwest-Ecke stehen Säulen in der Originalgröße, die auch einen Teil des Tempeldachs tragen. Der ganze Neubau wurde so angelegt, dass er über dem Originalfundament des Tempels zu schweben scheint. Noch weitergehend wurde die benachbarte Hafenherberge rekonstruiert. Auf zwei Stockwerken wurden die Räumlichkeiten bis hin zur Möblierung und Wanddekoration nachgebaut. Die dazugehörigen Thermen mit ihren Heißwasserbecken lassen sich sogar beheizen. So kann der Besucher sich vorstellen, wie sich dort die Bürgerinnen und Bürger von Xanten pflegen ließen. Wiedererrichtete Tempel, Theater und Teile der Stadtmauer – kein Wunder, dass Xanten bei den Besuchern sehr beliebt ist.

Moment mal – heißt das: Die Germanen fielen zurück in Armut und Unwissenheit? Nein, die Archäologen haben allerhand Luxus aus dem freien Germanien des 2. und 3. Jahrhunderts n. Chr. entdeckt. In Gräbern der germanischen Herrscherschicht, wie dem »Fürstengrab von Gommern«, fanden sie römische Gefäße aus Silber und Bronze, Glas und Keramik, Schmuckgegenstände und Münzen aus Silber und Gold. Außerdem versenkten die Germanen in dieser Zeit besonders viele und kostbare Opfergaben in ihren heiligen Mooren: Waffen und Rüstungen aus Bronze und Eisen, Schmuck aus Bronze und Silber und viele römische Münzen aus Kupfer, Silber und Gold. Woher kam dies alles? Vom Handel zwischen Römern und Germanen. Der Limes verhinderte zwar, dass germanische Kriegerhorden zu kurzen Plünderzügen in die römischen Provinzen einfielen, aber er war keine unüberwindliche Grenze. Der Limes markierte gut sichtbar die Außengrenze des römischen Weltreiches, aber er blieb für Menschen, Handel und Ideen in beide Richtungen durchlässig. Das römische Militär hatte sich aus Germanien zurückgezogen, doch römische, keltische und germanische Händler (mit römischem Bürgerrecht) entdeckten Germanien neu.

Was konnten die Germanen den Römern für Schmuck, Waffen und Goldmünzen bieten? Sie tauschten landwirtschaftliche Produkte, Vieh und Felle, Eisenerze, Blei und Bernstein, Seife, Wolle und blondes Frauenhaar, das bei den vornehmen Damen der römischen Gesellschaft sehr gefragt war. Und noch einen Exportschlager hatte »GERMANICA BARBARICA« zu bieten: starke und kampfbereite Männer für die römische Armee. Auch nachdem die Römer aus dem Land getrieben worden waren, war es in Germanien keine Schande, in der römischen Armee zu dienen. Im Gegenteil, es wurde immer populärer, römischer Söldner zu sein. Das beweisen Hunderte von Militärgürtelbeschlägen aus dem 3. bis 5. Jahrhundert n. Chr., die Archäologen bisher in Gräbern entdeckt haben. Das war kein Beutegut, Männer, in deren Gräbern die Beschläge lagen, hatten sich diese redlich verdient.

Die Funde liefern den Forschern wichtige Erkenntnisse darüber, wohin die meisten germanischen Söldner nach dem Ende ihrer Dienstzeit im römischen Heer zurückkehrten, und

ENDLICH: SOLDATEN WIE IM RÖMERFILM

Ein typischer römischer Soldat sah um 250 n. Chr. tatsächlich so aus, wie wir ihn uns vorstellen: Er trägt Brustpanzer und Helm, eine Tunika (ein aus zwei Teilen genähtes Gewand), eine Chlamys (einen kurzen Schultermantel aus einem rechteckigen Tuch) und eine Lanze.

dokumentieren, wo sich die germanischen Siedlungsgebiete in dieser Zeit befanden. Offenbar erhielten immer mehr ehemalige Söldner das Wohnrecht innerhalb der römischen Reichsgrenzen. So verlor der Limes schon bald seine Funktion. Doch der vollständige Limes existierte ohnehin nicht lange: vielleicht 50 Jahre, vielleicht aber auch nur 40 oder 30. Wir wissen nicht genau, wann er vollendet wurde und wann die ersten Abschnitte wieder aufgegeben wurden.

War er überhaupt zu irgendeiner Zeit vollständig in Funktion? Das wissen wir nicht, eine neu entdeckte Spur führt uns jedoch noch einmal tief ins wilde Germanien dieser Zeit.

Es geschah irgendwann im Jahre 2000. Schatzjäger suchten am Harzhorn, einem kleinen Hügelzug westlich des Harzes, nach Überresten einer mittelalterlichen Burg. Sie stießen mit ihren Metallsonden auf zahlreiche Objekte, darunter eine Art Leuchter aus Eisen. Den übergaben sie nicht etwa den Behörden, sondern stellten ihn zu Hause als Trophäe aus. Besucher kamen und gingen, darunter auch andere Schatzjäger, und bestaunten den „Leuchter". Doch erst nach acht Jahren schaute ein Gast mit Kenntnissen der römischen Kultur genauer hin und klärte den Irrtum auf: »Das ist kein Leuchter, sondern eine römische Hipposandale, ein Hufschutz für Pferde.«

Römische Militärutensilien so weit im Osten waren einmalig - nun wurde den Findern ihr Fund doch zu heiß und im Sommer 2008 übergaben sie den »Fall« der zuständigen Kreisarchäologin Petra Lönne. Sie handelte schnell, denn unter Schatzjägern kursierte schon seit geraumer Zeit der Tipp: Harzhorn!

Also entschlossen sich die Archäologin und ihre Kollegen vom Landesdenkmalamt, die Schatzjäger mit ihren eigenen Waffen zu schlagen. Da die Kollegen in Braunschweig schon länger mit zuverlässigen Sondengängern zusammenarbeiteten, bat sie diese um Mitarbeit. Und so suchte am letzten Augustwochenende des Jahres 2008 eine Gruppe mit elf Metalldetektoren den Steilhang am Harzhorn ab. Die weit verteilten Metallfunde, auf die sie rasch stießen, ließen nur eine einzige Schlussfolgerung zu: Hier hatte kein Lager gestanden, sondern eine Schlacht stattgefunden. Und die Fundobjekte selbst bestätigten: Hier waren Römer gewesen!

In den folgenden Wochen unterteilten Archäologen das Gelände in kleine Felder, und freiwillige Helfer suchten diese mit der Hand ab, denn kleine Metallteile wie Sandalennägel werden nicht vom Detektor erfasst. Rund 600 Objekte legten sie auf diese Weise frei und dokumentierten die Fundorte. Nachts hielten Helfer vor Ort Wache. Als die Untersuchungen mit Winterbeginn abgeschlossen wurden, veranstalteten die Archäologen eine Pressekonferenz, und die Meldungen über die »Schlacht am Harzhorn« gingen um die Welt.

Zur Sensation wurde diese Meldung vor allem deshalb, weil der Zeitpunkt der Schlacht so außergewöhnlich war. Denn schon unter den ersten Funden befand sich eine abgegriffene Münze, die das Bild von Kaiser Commodus zeigt. Und der hatte 180 bis 192 n.Chr. regiert – folglich hat die Schlacht danach stattgefunden. Zu einer Zeit, als die Römer angeblich brav hinter ihrem Limes blieben!

Ab Frühjahr 2009 wurde die Untersuchung des Schlachtfeldes weitergeführt. Dabei stießen die Archäologen nach und nach auf über 2500 Funde, vor allem Sandalennägel, aber auch Pfeil- und Speerspitzen. 2010 wurde eine 2,5 Kilo schwere Dolabra aus Eisen geborgen; auf dieser Pionieraxt ist zu lesen: LEG IIII SA. Diese rätselhaft anmutende Inschrift entpuppte sich als das Kürzel der vierten Legion der Flavia Severiana Alexandriana. Eine schlagkräftige Legion, die im 3. Jahrhundert n. Chr. in Singidunum (heute Belgrad, Serbien) stationiert war. Auch Holzreste von einer Speerspitze und der Knochen eines Zugtieres konnten mit der C14-Methode auf den Zeitraum zwischen 200 und 240 n. Chr. datiert werden.

Aber wer hat diese Schlacht eigentlich gewonnen?

Wieder hatten Germanen Römer in einen Hinterhalt gelockt, wieder in einen natürlichen Engpass: Vom Osten bilden Ausläufer des Harzes, vom Westen das Harzhorn Barrieren, die dazwischen liegende 300 Meter breite Senke ist teilweise sumpfig. Wo das Harzhorn einen Steilhang bildet, hatten sich die Germanen verschanzt. Doch die Auseinandersetzung nahm dieses Mal einen anderen Verlauf: Die Römer ließen sich nicht so erschrecken, dass sie kopflos flohen. Nein, ihre mit Speer, Schild und Schwert bewaffneten Legionssoldaten und Hilfstruppen versuchten zunächst, den Hang zu stürmen –

wurden jedoch von den Germanen zurückgeschlagen. Als Beweis dafür fanden die Archäologen auf dem Hang Metallreste von römischen Waffen und Ausrüstungsgegenständen.

»Als der Angriff fehlschlug, beschossen sie die Germanen aus der Ferne«, erklärt der Archäologe Michael Geschwinde. Und dieser Beschuss hatte es in sich: An der Seite der römischen Legionäre kämpften nun auch syrische Bogenschützen, mesopotamische Panzerreiter und eine wirkungsvolle Artillerie. Zu Letzterer gehörten kleine Handgeschütze und große Standkatapulte. Der Artilleriebeschuss verschaffte den Römern den nötigen Freiraum, um auszuweichen und von der westlichen Seite her eine zweite Front zu eröffnen. Aber auch dort kämpften sie vor allem mit Distanzwaffen – die römischen Profis ließen den wilden Germanen dieses Mal keine Chance zum Nahkampf mit der Streitaxt.

Schon bald muss das Schlachtfeld von toten oder schwer verletzten Germanen übersät gewesen sein, die von Katapultprojektilen, Pfeilen und Lanzen getroffen worden waren.

Nach der Schlacht verzichteten die Römer darauf, das Kampffeld gründlich abzusuchen, sondern formierten sich neu und zogen in Richtung Limes ab. Die zurückgelassenen Ausrüstungsgegenstände blieben an Ort und Stelle liegen: Vieles wie die Ledersandalen der Soldaten wurde mit der Zeit von der Natur zersetzt, doch Gegenstände aus Metall wie die Nägel überdauerten 1800 Jahre.

Soweit die archäologischen Funde. Doch was sagt unser Historiker dazu? Er sichtet die historischen Quellen und nickt ganz entschieden: Es war der römische Kaiser Maximinus Thrax (er regierte von 235 bis 238 n. Chr.), dessen Legionen 235 n. Chr. eine Strafexpedition gegen die Germanen führten, nachdem diese zwei Jahre zuvor römische Provinzen geplündert hatten. Was jedoch weder Historiker noch Archäologe erklären können: Warum führten die Römer ihre Strafexpedition so tief ins germanische Hinterland mit all den Gefahren eines langen An- und Abzugs? Und wir sehen: Jede Frage, die beantwortet wird, wirft eine neue auf. Genau das macht die Vergangenheit so spannend! Auf jeden Fall blieben solche Strafexpeditionen Einzelfälle, denn die Römer verloren jegliches Interesse an Germanien.

Schon um 250 wurden die römischen Truppen an der Grenze deutlich verringert. Das Ende des Limes kam schließlich mit der Aufgabe der römischen Herrschaft über die rechtsrheinischen Gebiete um 260. Ob sich dieses Ende schleichend oder gewaltsam durch Angriffe der Alamannen vollzog, ist unbekannt. Jedenfalls übernahmen die Alamannen einen Teil der römischen Siedlungen. Vielleicht blieben sogar auch Römer in den Limessiedlungen zurück und lebten mit den Alamannen zusammen.

Die Ignoranz der Römer gegenüber dem freien Germanien nach der Varusschlacht führte dazu, dass sie die wachsende Gefahr nicht richtig einschätzen konnten. Dem Druck der Germanenstämme – vor allem der Franken am Niederrhein und der Alamannen in Obergermanien und Rätien – hatten die Römer immer weniger entgegenzusetzen. Im 4. Jahrhundert konnten die Alamannen große Beutezüge in linksrheinischen Gebieten unternehmen, zahlreiche Schatzfunde beweisen dies. Das barbarische Germanien wurde so zur Brutstätte der sogenannten Völkerwanderung (375–568 n. Chr.). Als die »Barbaren«-Stämme dann gen Süden aufbrachen, hatten die Römer überhaupt kein Rezept dagegen. Sie wurden schlicht und einfach überrannt. Letztlich haben die Römer geerntet, was sie selbst gesät haben.

Ist das Rätsel der Varusschlacht gelöst?

*Und worin wir noch einmal fragen:
Kann es nicht auch eine andere
Schlacht gewesen sein?*

Am Ende unserer langen Erzählung ist nun der Moment für die entscheidende Frage gekommen: Ist das Rätsel der Varusschlacht wirklich gelöst? Ist das Tal am Kalkrieser Berg der Ort, an dem die römischen Legionen des Statthalters Varus von den rebellierenden Germanen endgültig besiegt wurden? Bevor wir eine Antwort versuchen, wollen wir uns noch einmal von den beiden Hauptakteuren ihre Argumente vortragen lassen.

DER KRITISCHE HISTORIKER BETRITT DEN ZEUGENSTAND

Eines vorweg: Am Kalkriesen hat mit Sicherheit eine große Schlacht stattgefunden – das bestreiten wir Kritiker überhaupt nicht. Aber welche war es? In dieser Region hat es in dem Zeitraum von 12 v. bis 16. n. Chr. ja etliche Schlachten gegeben: Der Feldherr Drusus ist hier mit seinen Legionen mehrere Male durchgezogen. Sein Nachfolger Tiberius hat die Gegend in den Jahren 4 und 5 n. Chr. intensiv erforscht. Und nach der Varusschlacht hat Germanicus in den Jahren 14 bis 16 n. Chr. mindestens drei Feldzüge in diesem Gebiet geführt. Obwohl schon seit 20 Jahren die Umgebung des Kalkriesen erforscht wird, haben die Archäologen bis heute keinen eindeutigen Beweis dafür gefunden, dass hier die 17., 18. und 19. Legion untergegangen sind.

184

Es gibt viele Anhaltspunkte – Indizien, die dafür sprechen. Aber es gibt auch genauso viele Ungereimtheiten: Die geografischen Angaben der antiken Schriftsteller zur Schlacht lassen sich nicht mit dem Kalkriese-Areal vereinbaren, Tacitus spricht eindeutig von dem Gebiet zwischen Lippe und Ems. Kalkriese liegt über 50 Kilometer weiter nördlich. Als Beweis für die Richtigkeit dieser Abweichung müssten zumindest die römischen Marschlager gefunden werden. Sie könnten bestätigen, dass ein römisches Heer von 20000 Mann Stärke Richtung Kalkriese unterwegs war. Auch der Grabhügel, unter dem Germanicus die Gefallenen der Varusschlacht sechs Jahre später bestattet hat, ist noch nicht aufgespürt. Zwar war er wieder von den Germanen zerstört worden, doch es müssten hinreichend Spuren zu finden sein. Kommen wir zum Hauptargument: Die gefundenen Münzen stammen zwar alle aus der Zeit vor 9 n. Chr. Münzforscher sagen jedoch, es dauert einige Zeit, bis sich die jeweiligen Münzen unter den Soldaten verbreitet haben. Deshalb ist es merkwürdig, dass so viele »junge« Münzen mit dem Gegenstempel des Varus gefunden wurden.

All dies zeigt, dass die Funde vom Kalkriesen viel überzeugender zu den späteren Schlachten unter Germanicus passen: Zum Beispiel zur Schlacht zwischen Arminius und Caecina im Herbst 15 n. Chr. Die Fußtruppen unter Caecina befanden sich auf ihrem Rückzug in der Nähe der Ems. Da sie verfolgt wurden, wollten sie einen Wall ausheben, um sich dahinter zu verschanzen. Doch noch während der Arbeiten daran wurden sie überfallen. Und dieser Überfall fand statt nicht weit entfernt von den PONTES LONGI – Damm- oder Bohlenwege, die tatsächlich rund zehn Kilometer entfernt vom Kalkriesen entdeckt wurden. Oder ein Jahr später die Schlacht am Angrivarierwall. Wieder waren die Römer auf ihrem Rückzug nahe der Ems, als sie in einen Hinterhalt gelockt wurden. Tacitus beschreibt in diesem Zusammenhang exakt ein Bollwerk, das die Germanen errichtet hatten, um das Tal zwischen Wäldern und Sumpf zu verengen. Für beide Schlachten gilt: Sie könnten am Kalkriesen stattgefunden haben. Solange dort kein Objekt geborgen wird, das eine Inschrift der 17., 18. oder 19. Legion trägt, so lange bleibt die Aussage »Die

Varusschlacht fand am Kalkriesen statt« eine These. Sie beruht nur auf Indizien, nicht auf unumstößlichen Beweisen.

Der überzeugte Archäologe betritt den Zeugenstand

Natürlich wäre es schön, wenn es einen direkten Beweis gäbe. Das wäre zum Beispiel ein Feldzeichen der 17., 18. oder 19. Legion. Diese Legionsnummern wurden ja nach der Varusschlacht nicht wieder vergeben. Ein solcher Fund ist jedoch unmöglich. Denn mit Sicherheit haben die Germanen diese Symbole der römischen Macht mitgenommen, auf ihren Altären ausgestellt oder in ihren heiligen Mooren geopfert. Darüber berichtet ja auch der antike Autor Florus: »Feldzeichen und zwei Legionsadler besitzen die Barbaren noch heute.« Aber vielleicht bergen die Kollegen vor Ort schon bei der nächsten Grabungskampagne ein Objekt, das eine Inschrift der drei Legionen trägt. Zum Beispiel eine Kettenhemdschließe wie die des Marcus Aius, mit dem Unterschied, dass der Besitzer statt des Namens seines Zenturios die Nummer seiner Legion eingeritzt hat. Gefunden haben die Archäologen dagegen am Kalkriesen: ein Kampfgeschehen, das sich über fast 20 Kilometer Länge hinzog. Das war kein kriegerischer Nebenschauplatz, hier hat sich ein wichtiger Kampf entschieden. Denn in diesem Gebiet legten die Archäologen an vielen Stellen Reste von Waffen und Rüstungen, von Pferde- und Maultiergeschirren und von zahlreichem nichtmilitärischem Gerät frei. Außerdem fanden die Archäologen acht Gruben mit Menschen- und Tierknochen. Vor allem jedoch: Sie fanden Hunderte von römischen Münzen aus Gold, Silber und Kupfer. Die Münzen aus Gold und Silber verloren die fliehenden römischen Offiziere und Reiter vor allem auf den beiden Fluchtwegen in westlicher Richtung. Etliche Münzen tragen den Gegenstempel des Varus - VAR. Diesen Stempel können sie frühestens im Jahr 7 n. Chr. erhalten haben, als Varus seinen Dienst in Germanien antrat.

Die geografische Lage des Kalkriesen deckt sich zwar nicht ganz mit den Angaben der antiken Autoren über die Landschaft und den Ort der Schlacht. Doch die haben ihre Kenntnisse aus zweiter oder dritter Hand, sie sind voreingenommen und sie widersprechen einander. Deshalb darf man sie nicht ganz wörtlich nehmen. Ihre übereinstimmende Kernaussage lautet: Varus hatte mit seinen Legionen den Sommer über ein Lager im Cheruskerland aufgeschlagen. Auf dem Weg zurück zum Winterlager wichen sie von ihrer Route ab, um einen Aufstand zu unterdrücken. In schwierigem Gelände wurde ihnen ein Hinterhalt gestellt, aus dem nur wenige Soldaten entkommen konnten. Alle Indizien sprechen dafür, dass dieses Ereignis am Kalkriesen stattfand.

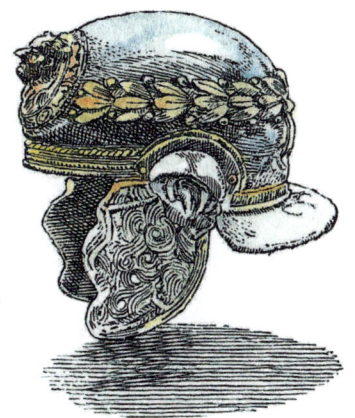

SCHLUSSFOLGERUNGEN: EINE SCHLACHT JA – ABER WELCHE?

Und welche Schlussfolgerungen ziehen wir daraus? Mit Sicherheit hat hier um die Zeitenwende eine Schlacht zwischen Römern und Germanen stattgefunden. Aber war es die entscheidende Schlacht? Oder gab es mehrere Schlachten? Hat beim Kalkriesen vielleicht eine anfängliche oder mittlere Schlacht stattgefunden, aber nicht die alles Entscheidende zwischen Arminius und den Varustruppen? Oder hat hier eine der Schlachten stattgefunden, die Drusus oder Tiberius während ihrer Feldzüge zu bestreiten hatten? Oder hat hier erst Germanicus oder einer seiner Feldherren 14 bis 16 n. Chr. einen harten Kampf mit den Germanen ausgefochten?

Ich schreibe seit 25 Jahren über archäologische Ausgrabungen und bin eigentlich immer sehr zurückhaltend mit eigenen Thesen und Urteilen. Aber je mehr ich mich mit den Ausgrabungen am Kalkriesen beschäftigte, desto mehr wuchs in mir die Überzeugung: Ja, dort muss es gewesen sein! Dort haben die Germanen unter Arminius den Legionen des Varus aufgelauert. Hier fand vielleicht nicht der Endkampf statt, aber sicherlich ein ganz entscheidendes Gefecht. Allerdings zeigt die

187

Geschichte der Archäologie: Schon morgen kann alles anders aussehen! Denn immer wieder werden neue Funde gemacht. In den letzten Jahren, beispielsweise, wurden viele Spuren der Römer entlang der Ems gefunden. Wer weiß, was daraus für neue Erkenntnisse erwachsen? Vor allem jedoch: Gerade die Entdeckung von Kalkriese durch Tony Clunn zeigt, wie schnell sich alles ändern kann.

IST DAS SOMMERLAGER DES VARUS GERADE ENTDECKT WORDEN?

Wie schnell einzelne Funde die ganze Debatte um die Varusschlacht neu beleben können, zeigt sich momentan am Beispiel von Varus' Sommerlager.

Jahrelang hatten Hobbyarchäologen immer wieder darauf hingewiesen, dass es einzelne Anzeichen für ein römisches Lager an der Weser zwischen Minden und Hameln gebe: Funde römischer Münzen und große rechteckige Bodenstrukturen auf Luftbildern.

Doch die Archäologen der Kreis- und Landesämter gaben sich zurückhaltend – bis zum Juli 2008. In Barkhausen, einem Stadtteil von Porta Westfalica an der Weser bei Minden, entsteht zu dieser Zeit eine Neubausiedlung. Vier ehrenamtliche Helfer des Niedersächsischen Landesdenkmalamtes suchen den Aushub der Bagger mit Metallsonden ab und werden schnell fündig. Nachdem sie Münzen, eine Gewandspange und Sandalennägel geortet haben, führen sie eine kleine Grabung durch und bergen das große Fragment eines runden Mühlsteins. Solche runde Mühlsteine mit einem Loch in der Mitte wurden nur von den Römern genutzt, außerdem passt die Region eindeutig als möglicher Ort des Sommerlagers des Varus. Der Fundort selbst liegt zwar ein ganzes Stück vom Weserufer entfernt, aber er nimmt ein gut zu verteidigendes Plateau an einem Berghang ein und bietet genug Raum für ein Römerlager, das ja mindestens 16 Hektar groß gewesen sein muss.

Viele neue Häuser stehen hier bereits, und die Archäologen müssen sich beeilen, denn auch die aktuelle Fundstelle soll so

schnell wie möglich überbaut werden. In enger Zusammenarbeit mit den Bauträgern untersuchten sie deshalb in den
folgenden Jahren das Bauareal und angrenzende Bereiche. Ihr
Fazit: Für ein Sommerlager, in dem die Truppen länger stationiert waren, fehlen die Gebäudereste. Doch 23 römische Feld-
backöfen, zahlreiche Münzen und Ausrüstungsgegenstände
kennzeichnen den Fundort als typisches Marschlager, das die
Römer mehrfach nutzten.

Die Spurensuche der Archäologen geht weiter und eine
letzte Unsicherheit bleibt ... Ich persönlich kann gut damit leben, dass das Rätsel der Varusschlacht immer noch nicht ganz
gelöst ist. Und wahrscheinlich in der nächsten Zeit auch nicht
gelöst werden kann. So zeigt sich: Auch in unserem wissenschaftlichen Zeitalter gibt es Fragen, auf die sich nur schwer
eine Antwort finden lässt. Und es wäre auch gar nicht gut,
wenn alle Fragen gelöst würden. Denn dann interessieren sich
die Menschen nicht mehr allzu sehr dafür. Die Sache ist dann
eben abgehakt. Von Rätseln und Geheimnissen dagegen werden wir magisch angezogen.

Lesen auf den Spuren der Varusschlacht:

Tony Clunn: *Auf der Suche nach den verlorenen Legionen.*
Bramsche 1998
Clunn erzählt nicht nur ausführlich über seine Entdeckungen,
sondern stellt die Ereignisse der Varusschlacht auch aus der
Sicht erfundener Römer und Germanen dar.

Marcus Junkelmann: *Die Legionen des Augustus*
15. überarbeitete und erweiterte Auflage dieses Klassikers zum
römischen Militär, München 2014
Wie marschiert es sich mit Römersandalen und schwerem
Gepäck? Diesen und vielen weiteren Fragen des römischen
Soldatenlebens gehen Junkelmann und seine Gruppe mit
zahlreichen Experimenten und einer Alpenüberquerung auf
den Grund.

Ernst Künzl: *Die Germanen. Geheimnisvolle Völker aus dem Norden.*
Darmstadt 2008
Die Germanen werden hier als Volk beschrieben, das Rom die
Stirn bot und so den Untergang des Römischen Reichs ein-
läutete. Künzl geht der Frage nach, wer die Germanen waren,
wie sie lebten, woran sie glaubten und was sie uns hinterlassen haben, und veranschaulicht seine Darstellungen mit
zahlreichen Abbildungen.

Lutz Walther (Hrsg.): *Varus, Varus! Antike Texte zur Schlacht im
Teutoburger Wald.* Stuttgart 2008
In dieser zweisprachigen Ausgabe sind auf Griechisch bzw.
Latein und Deutsch alle wichtigen Quellentexte antiker
Autoren zur Varusschlacht versammelt.

Rainer Wiegels (Hrsg.): Die Varusschlacht. Wendepunkt der
Geschichte? Darmstadt 2007
Wiegels ordnet die Varusschlacht in den historischen Kontext
der römisch-germanischen Beziehungen ein und beschreibt
darüber hinaus das Leben in römischen Siedlungen sowie
archäologische Funde wie Münzen und Waffen.

Das Basislager: Xanten

Auch wenn ein Großteil der rekonstruierten Stadt Colonia Ulpia Traiana aus der Zeit nach der Varusschlacht stammt, lassen
sich im Archäologischen Park Xanten sowohl die gute Lage des
Ortes wie auch die einzelnen Standorte der früheren Römerlager im Gelände wie auch im Modell erkunden.

Vor allem jedoch bietet Deutschlands größtes Römer-Frei-
lichtmuseum mit seinen exakt wiedererrichteten Tempeln,
dem Theater und Teilen der Stadtmauer die einmalige Gelegenheit, das Leben der Römer in den germanischen Provinzen
mit Augen und Ohren, Händen und Füßen zu erfassen.
www.apx.lvr.de

Das Sommerlager: Haltern

Genau dort, wo das Sommerlager der römischen Armee Aliso
freigelegt wurde, steht heute das Römermuseum Haltern. Das
gläserne Gebäude bietet die großartige Gelegenheit, ein Römerlager aus der Zeit Kaiser Augustus' in seiner Originalum-
gebung kennenzulernen.
www.lwl-roemermuseum-haltern.de

Der Schlachtort Kalkriese

Der Archäologiepark Varusschlacht im Osnabrücker Land/
Museum und Park Kalkriese umfasst nicht nur das Museum
und den Aussichtsturm mit Blick auf das begehbare Grabungsgelände. Darüber hinaus werden dort regelmäßig Aus-
stellungen und einzigartige Events veranstaltet wie die Nach-
stellung von entscheidenden Momenten der Varusschlacht.
www.kalkriese-varusschlacht.de

Der Schlachtort Harzhorn

Rund 200 Jahre nach der Varusschlacht treffen römische Legionen wieder auf germanische Truppen. Welche Waffen benutzt
wurden, was die römischen Legionen in den Norden trieb und
warum sie von den Germanen zum Kampf gestellt wurden, erfährt man bei Führungen am Originalschauplatz.
www.roemerschlachtamharzhorn.de